AF346677

Lexemplaire de confession

BIBLIOTHÈQUE DE L'ARSENAL

A. T. 1892 (Rés.)

La table de ce preſēt liure nōme le pēpſaire de cōfeſſion.

Lexemplaire de confession.

Des condicions que doit auoir le penitent en confession.
Premier chapitre

Durce que es confessions sacramĕtales adui
ent moult de perilz contre le salut des ames
tāt des cōfessions cōme de ceulx qui se cōfes
sĕt a cause des cas difficiles et estrāges q̃ p doiuĕt estre diz
et rcuelez et remede cōuenable ny est pas adiouste p default
du cōfesseur ou penitĕt cōe dit est a celle fin q̃ icelle ignorā
ce ne soit aux ames dangereuse fut cōpose et fait ce petit et
brief traicte nōme lexĕplaire de cōfessiō Cest a dire q̃ en ce
stuy petit liuret pourra trouuer le gfesseur la voie et la ma
niere destudier lĕseignemĕt par leql il pourra cōgnoistre la
droicte voie de gfessiō et sadressefnt des penitēs q̃ a lui se vĕ
drōt cōfesser. et pource q̃ cestui liuret est fōde sur le fait de cō
fessiō pmieremĕt auāt tout oeuure est necessite de sauoir q̃
cest q̃ cōfessiō. Dñ cōfessio scōm sāctū augustinū describit
sic. Cōfessio est certissima corā sacerdote pctōr declaratio.
Itē scōz gregoriū. Cōfessio est pctōr detectio. Cest a dire
que cōfessiō nest autre chose si nō trescertaine declaraciō de
to⁹ les pechez deuāt la persōne. A ce ppos disoit le psalmi
ste. Preoccupem⁹ faciē dñi i cōfessiōe. etc. Itē alibi. Cōfite
mini dño qm bon⁹. etc. Itē Dixi cōfitebor aduersū me iiu
sticiā meā dño. etc. Mais auant que cōfessiō soit meritoire
a lame te treuue q̃ le penitĕt doit estre garnp de quatre cho
ses. La premiere est pctōr recogitatio. Cest adire que de
uāt q̃l vienne deuāt le prestre il doit par grādez deuociō et
cōtricion songer et penser aux pechez q̃l a fais et cōmis cō
tre la voulĕte et cōmādemĕt de dieu. Et doit cōsiderer les
lieux les places les trauaulx et toutes les peines q̃l a pl⁹

pzins pour la plaisãce du cozps:q̃ pour la saluaciõ de la
me. Et doit pẽser eɲ luɲ les biẽs et les mauɭɲ q̃l a fais eɲ
ce mõde/les rapines ꝗ̃ eɲcez q̃l a fais cõtre soɲ ꝓchaiɲ ꝗ̃ la
saluaciõ de soɲ ame.   La secõde chose de quoɲ le penitẽt
doit estre garnɲ cest douleur ꝗ̃ cõtriciõ des pechez passez.
Cest adire que quãt il a pense cõme dit est auɲ pechez q̃l a
fais tout le temps de sa bie cõtre la boulente de dieu il eɲ
doit auoir grãt douleur et grant ɋtriciõ. Et par celle dou
leur et contriciõ doit auoir ferme ꝓpos dãller le plustost
q̃l pourra au medeciɲ. Cest a dire au prestre qui a puissan
ce de le deslɲer des mains de lẽnemɲ denfer. Et cõtre ce se
cond poĩt bõt ceulɲ qui se cõfessent par cõtraincte cõe plu
sieurs font q̃ iamais ne se cõfesseroiẽt se iamais quaresme
ou pasques ne benoiẽt. La cõfessiõ ainsi faicte nest point
meritoire quãt a lame   La tierce chose est firmũ ꝓpositũ
nõ relabendi nec ad sua pctã reuertẽdi. Cest adire q̃ quant
il a bieɲ assẽble tous ses pechez de quoɲ il est souuenãt ꝗ̃ il
eɲ a grãt douleur ꝗ̃ grande contriciõ il doit auoir ferme
ꝓpos ꝗ̃ boulente de iamais ne retourner a peche. Et cõtre
ce tiers poĩt pechẽt ceulɲ qui ne beullẽt laisser leurs obsti
nez pechez ꝗ̃ qui retournẽt apzes pasq̃s a leurs cõcubines
ꝗ̃ autres pechez acoustumez Et seloɲ le dzoit telz gens ne
deburoient point reccuoir le iour de pasq̃s auec les bõs et
loɲaulɲ chzestiẽs. mais deuroiẽt estre renuoɲez au souue
raiɲ se ilz se tenoiẽt eɲ leur erreur:ꝗ̃ q̃lz ne se boulsissẽt coz
riger pour leur cure ou chapelaiɲ   La quarte chose q̃ doit
le penitẽt auoir est ozatio deuota Cest adire que quãt le pe
nitẽt a mis la plus grãt peine q̃l a peu dassẽbler tous ses
pechez pour les cõfesser, ꝗ̃ q̃l eɲ a eu cõtriciõ et desplaisan

retourner a pecße:il doit auoir deuote oraisõ Cest adire q̃
tresdeuotemẽt se doit mettre en oraisõ ou en sa maisõ ou
a leglise en requerãt dieu auecq̃s larmes z pleurs de côtri
ciõ q̃ sa ꝗfessiõ q̃l a en esperãce de faire de ses pechez soit
a sa saluaciõ de sõ ame Et côtre ce quart point võt ceulx
qui võt a cõfesse riant ou qui sentreboutẽt ou sont cheoir
sur lautre de haste de courir au prestre pour estre les pre
miers despechez . Et le côfesseur côsiderãt ces quatre poitz
doit diligẽment demãder z enq̃rir au penitẽt sil a ces qua
tre choses z esq̃lles il default Et se le ꝗfesseur voit q̃ le peni
tẽt p defaille en tout ou en ptie:il se doit esmouuoir a deuo
ciõ z côtriciõ auãt q̃ ꝓceder pl⁹ oultre en sa cõfessiõ en
luy remõstrãt q̃ ce nest riẽs q̃ de ce mõde au regart de lau
tre z en luy remõstrãt les ioyes q̃ ceulx aurõt q̃ se gouuer
nerõt en ce mõde selõ la loy de dieu z aussi les peines dẽfer
q̃ aurõt ceulx q̃ ferõt le côtraire. Et ces quatre condicions
pourras tu cõgnoistre par ces vs. Collige/deplora/fuge/
crimina/dulci⁹ ora. Lexposiciõ de ces vs est telle. Collige
cest adire q̃ le penitẽt doit recueillir z assẽbler ses pechez en
sa côsciẽce auãt q̃ aller a cõfessiõ Deplora cest adire q̃l doit
plorer par ꝗtriciõ z auoir desplaisãce de ses pechez lesq̃lz il
a cõmis côtre la boũtete de dieu. Fuge crimia.cest, adire q̃l
doit auoir ꝓpos z ferme volente de iamais ne retourner a
pecße. Dulci⁹ ora.cest adire q̃l doit doulcemẽt faire puere z
req̃ste a dieu q̃ la cõfessiõ q̃l veult faire soit au sauuemẽt
de sõ ame   Des cõdiciõs q̃ doit auoir le bõ ꝗfesseur ii.

a   Pres q̃ iay parle des cõdicions q̃ doit auoir le bõ z
    vray penitẽt q̃t il se veult cõfesser ie vueil demõstrer
z dire celles q̃ le bõ côfesseur q̃ est z doit estre lieutenãt de

dieu en terre doit auoir. Et trouue selô la saicte escripture
q̃l doit auoir quatre p̃cipales côdiciôs. La premiere est q̃l
doit estre souef amiable benlg aux pecheurs q̃ se vôt côfes
ser a luy a lexẽple de iesucrist q̃ benignemẽt et doulcemẽt
receuoit les pecheurs ⁊ beuoit ⁊ mẽgoit famili. remẽt auec
eulx pour les ramener a penitãce ⁊ a sauuemt. Ainsi q̃ lui
mesmes dit en leuãgile. Nõ veni vocare iustos sed pctõres
ad penitẽtiã. La secõde côdicion q̃ le côfesseur doit auoir est
q̃l doit estre côstãt arreste modere ⁊ attrẽpe sãs dissolucion
legierete ou quelque autre laide côtenãce q̃ doie retraire le
penitẽt de dire tout ce q̃l vouldra. Car quãt il est au siege
de côfessiõ il ne doit ne rire ne sesioupr. Ains doit estre tout
simplemẽt le chaperon deuãt ses yeulx q̃l ne regarde poit
le penitẽt au visaige soit hõe ou fẽme ⁊ ne doit poit mon⸗
strer signe de plaisãce pour quelque peche que on luy côfes
se de paour q̃ hõte ne prene le pecheur. car par hõte il pour
roit laisser plusieurs de ses pechez grãs ⁊ enormes. La tier
ce côdiciõ que le bõ cõfesseur doit auoir est q̃l doit estre iuste
⁊ de bon renõ. Ainsi que dit sait augustin i libro de penitẽ⸗
tia. ca. i. Sacerdos i nullo sit iudicãdus q̃ i alio est iudicare
parat⁹. Et chatõ dit. Turpe est doctori cũ culpa redarguit
ipsũ. Cest a dire cõe dit sait augustin au premier chapitre
du liure de penitẽce q̃ le prestre q̃ est ordõne a iuger ses cõ⸗
sciẽces des psõnes: ne doit poit faire chose p quoy il soit vi⸗
lainemẽt repris Et chatõ dit q̃ laide chose est au docteur cest
adire au côfesseur quãt il fait chose dequoy sa coulpe le doi
ue reprẽdre. Cest a entẽdre q̃t il fait le peche ou la vilẽme
parquoy le peuple ait de luy male renõmee Et selõ ce q̃ dit
sait augustin ⁊ les autres docteurs: le prestre q̃ absoult le

penitēt ou q̃ administre aucū des sacremēs de saicte eglise
estāt en peche mortel peche mortellemēt . Sil nauoit grāt
cas de necessicé q̃l ne trouuast a q̃ se cōfesser La quarte cō
diciō q̃ le bon cōfesseur doit auoir cest q̃l doit estre sage a di
scret. Ainsi le dsait augustin au liure de penitāce. Caueat
spūalis iudex ꝟt nō caret munere sciētie. Cest adire. Le iu
ge espūel prēgne garde q̃l ne soit desgarny de sciēce a de di
scretiō: Car tout iuge doit ggnoistre de la cause ains q̃l en
iuge. a doit estre prudēt a sage Aussi le cōfesseur doit discer
ner ētre les pechez/a cōgnoistre silz sōt mortelz ou ꝟenielz.
Et des mortelz doit cōgnoistre les circūstāces a depēdēces
a racines a les aggrauaciōs diceulx pechez. Car sēblable
penitāce ne doit estre dōnee des ꝟngs cōe des autes. Et doit
sauoir le cōfesseur sur q̃lz cas sestēt sa puissāce/a lesq̃lz sōt
a remettre au souuerain cōe cy apres sera declare en la fin
de ce prūt traicte. Lesq̃lles cōdiciōs dessusd tu pourras cōs
gnoistre par ces ꝟs. Cōfessor dulcis affabilis atqz suauis
Prudēs discret⁹ iustus cōstās atqz benign⁹. Lexposiciō de
ces ꝟers est assez cōgnue par les choses dessusdictes.

De plusieurs manieres de peche.   iii.

a   Ffin q̃ les siples cōfesseurs entēdēt du fait de peche
ten treuue plusieurs manieres cestassauoir peche ori
ginel/peche ꝟeniel/peche p ignorāce/peche oublie/peche se
cret/peche manifeste peche mortel peche par malice peche p
tentaciō a les circūstāces de peche Quant est du peche ori
ginel il nest nul mestier de sen cōfesser. car il est effacé par
le sacremēt de baptesme. Toutesfois chacū se doit douloir
de ce q̃ par peche originel il a aucūefois perdu sa grace de
dieu Dauid se cōfessa a dieu quāt il dit. Ecce eni i iniquita

tibz côceptus sũ ꝛ iɳ pctĩs côcepit me mꝛ̃ mea. Quãt est du pecĥe ꝟeniel il nest pas de necessite se côfesser. car il est par dôné par côtriciô de rueur/par la b̃ndiction de l'euesq̃ ꝛ du prestre eɳ sa messe ꝛ par eaue benoiste pꝛise ꝑ deuóciô . Et se tu me demãdes q̃ cest q̃ pecĥe ꝟeniel. Je te dẙ q̃ pctm̃ ꝟe niale dꝛ̃ a ꝟenia. Dr̃ aplũs. Jgnoꝛãs feci ꝛ ꝟeniã merui. cest adire q̃ le pecĥe ꝟeniel est dit de pardô cest a entẽdꝛe lc̃ gieremẽt pardône côe parolles oẙsiues sãs dômage dau⸗ trup trop se taire ou sôger es ꝟaintez ou q̃t lé ꝟa tãrt a le glise ou au sermoɳ ou quã̃ oɳ tarde trop a faire aucũ bĩ̃ quãt oɳ tẽce trop aspꝛemẽt a ses enfãs ou seruãs quãt oɳ les mauldit sãs ꝟouloir q̃ la maledictiô ꝟiẽne sur eulꝑ Et g̃nalemẽt en tout fait ꝛ dit sãs malice ꝑ ignoꝛãce ou acou stumãce ou par negligẽce cest pecĥe ꝟeniel. Mais se le q̃seu temẽt ꝟiẽt apꝛes par malice ou autremẽt:il pourroit estre moꝛtel. Pecĥe par ignoꝛãce se diuise eɳ plusieurs manie⸗ res. Car il ẙa ignoꝛãce de dꝛoit ꝛ de fait ensẽble quãt aucũ ne peut sauoir ce q̃l doit faire ou ce q̃l doit escheuer par de⸗ faulte daage ou dusaige de raisoɳ côe sôt enfãs ou folz q̃ sôt pꝛiuez de lusaigẽ de raisô ꝛ telle ignoꝛãce nest pas pe⸗ cĥe. qꝛ ignoꝛãtia ĩ ĥoc casu eꝓcusat pctm̃ . Jtẽ il ẙa encoꝛe ꝟne autre ignoꝛãce appellee ignoꝛãtia crassã ꝛ supina Le ste ignoꝛãce ont ceulꝓ q̃ se diẽt estre ignoꝛãs des choses ap partenã̃tes au bĩ̃ publiq̃. côe q̃ tueroit ꝟng ĥõe ou bateroit ou mettroit le feu eɳ ꝟne maisô ou eglise ꝛ autres telz cas ꝛ diroit ie ne le cuidoie pas faire. ceste ignorance ne eꝓcuse poit le pecĥe ains seɳ doit côfesser la pꝛsône ꝛ eɳ faire satif fatiô ꝛ penitãce. Et q̃ plꝰ est ꝟng simplse pꝛestꝛe ne le doit poit absouldꝛe mais r̃nuoier au souuerain.   Lignoꝛãce q̃

touche ſe biẽ de ſa ſaluaciõ de ſame eſt quãt aucũ ſeyrcuſer
dit/ie ne ſcay poit ma creãce ne ſes cõmãdemẽs de ſa ſoy/ie
ne ſcay me gfeſſer ne dire mes pechez/iay mẽge de ſa chaur
au vẽdredi ou a qſq iour defẽdu a ie ne ſe cuidoie pas faire
Ceſte ignorãce neyruſe pas ſe peche ains doit auoir forte
penitãce ſelõ ſa diſcreciõ du bõ cõfeſſeur Et p eſpecial ceuy
q ne ſcaiuẽt ſeur creãce a ſõt en aage de diſcretiõ ſõt fort a
punir tãt q ſa ſachẽt car ilz ne ſõt pas dignes ſelõ ſe droit
de recenoir ſe corps de ieſucriſt ne de tenir ẽſãs ne de nul teſ
moignage faire touchãt ſa foy ſil neſtoitveu desbõs curez
ou chapelais qlz fuſſẽt gẽs de biẽ a qlz feiſſẽt beaucop de
biẽ a q du tẽps de ienneſſe qlz ſa deuoiẽt aprẽdre il y euſt ey
cuſatiõ legitime Lautre peche eſt peche oublie ſeql neſtpas
en puiſſãce dhõe ou de fẽme ſe cõfeſſer/en eſpãl puis ql ne
lup en ſouuiẽt mais on ſe doit cõfeſſer en gnal ſur telle cõ
diciõ q ſil reuiẽt en memoire on ſe cõfeſſera a ſe doit on cõ
feſſer de ſa negligẽce q on a eu de nyauoir pẽſe ou de ne ſa
uoir confeſſe a heure cõpetẽt tãt cõe il en ſouuenoit Lautre
peche eſt peche ſecret q ſentẽt en deuy manieres La premie
re eſt quõ pourroit demãder ie fais mõ peche ſecret ſãs fai
re tort a nully a ſãs greuer mõ pchain mẽ dois ie cõfeſſer.
ie te reſpõs que ouy car aucũeſſois ſes pechez ſecretz ſõt ſi
griefz qlz ſont cas duceſque. Cõe de pctõ moliciei a de pctõ
contra naturã de pollutionibz nocturnalibz a ſic de aliis.
deſquelles choſes tu trouueras au cha des ſept pechez mor
telz en traictãt du peche de luyure Lautre maniere dẽtẽ
dre ſe peche ſecret ſi eſt quãt tu te cõfeſſes tu te dois accuſer
en telle manie a ſi ſecrcteiñt que tu naccuſes poit ſes autes
en ta confeſſion mais feulemẽt toy a ta coulpe car en con

feffãt tes pechez tu dois le bõ renõ dautruy garder.nonob
ftãt q̃ tu fuffesen fa cõpagnie quãt le peche fut fait:fi dois
tu celer en tõ pouoir le ꝑpre nõ de la pfonne. Car il fuffift
dire leftat de la pfõne en gñal. Et fe doit on attendre a au
truy du fait de fa cõfciece ꝗ foy accufer tãtfeulemt. Lautre
maniere eft peche mortel Dꝛ eft affauoir q̃ ceft q̃ peche moꝛ
tel.Dn fcõm btm ambꝛofiu. Pctrñ moꝛtale eft pꝛeuarica
tio legis diuine ꝗ celeftiũ inobediẽtia mãdatoꝛ. Ceft adire
q̃ peche moꝛtel neft autre chofe fi nõ pꝛeuaricatiõ de la loy
de dieu ꝗ iobediẽce de fes cõmãdemẽs.cõe facrilege homicis
de foꝛnicatiõ adultere faulp tefmoignage larrecin rapine
Bfure oꝛgueil ẽuie ire auarice pereffe gloutõnie luxure rã
cune pdolatrie ppocrifie ꝗtẽciõ emulaciõ barat tricherie
iniure ꝗ detractiõ. Dn aplus ad romanos.i.ca. ait. Qui et
talia agũt digni fũt moꝛte Touteffois felõ les docteurs ꝗ
la foꝛme acouftumee de faincte eglife il npa tãtfeulemẽt q̃
fept pechez pꝛincipaulp efqlz fõt ramenez les deffufõ ꝗ to⁹
autres felõ les circũftãce 3 bꝛãches ꝗ racines ꝗ en peuẽt de
fcẽdꝛe Et diceulp ꝗ de toutes leurs depẽdẽces pourrez oupꝛ
es chapitres ou ie plecap diceulp.Lautre maniere de peche
eft peche publiꝗ ꝗ manifefte.duꝗl eft affauoir fõ fe doit cõ
feffer.A quop ie refpõs q̃ nõobftãt q̃ le pꝛeftre a ꝗ tu bas a
gfeffe ꝗ tout le mõde fachẽt tõ peche fi tẽ dois tu gfeffer ꝗ
le mettre en foꝛme de cõfeffiõ deuãt le pꝛeftre auec grãt cõtri
ciõ ꝗ defplaifãce affin ꝗl le mette en foꝛme de iugemẽt cõe
tõ iuze fpũel.car fil le fauoit deuãt fa gfeffiõ ceftoit cõe hõ
me. Mais quãt il luy eft manifefte en cõfeffiõ il luy eft dit
cõe a iuge ꝗ bicaire de dieu en tre ꝗ en doit bailler penitãce
felõ fa difcretiõ ꝗl ne pourroit pas faire ne ne deuroit fãs

forme de ꝯfeſſiõ Lautre peche eſt p malice q̇ eſt dit treſmau
uais Do⁹ deuez fauoir q̇l ſõt trois manieres de peche pour
leſq̇lz il fut miſau cõfiteoꝛ mea culpa mea culpa meagra
uiſſima culpa. Le p̃mier eſt pour le peche fait par ignoꝛã
ce:q̇ fait le peche grief. Le ſecõd p deſectaciõ q̇ fait le peche
pl⁹ grief. Le tiers p cõſētemt ⁊ par malice affaitee q̇ ſe fait
treſgrief. Pour ſes deuᵖ p̃mieres manieres no⁹diſõs deuᵖ
fois ſiplemēt mea culpa ⁊pour la tierce maniere mea gra
uiſſima culpa. pource quil eſt treſgrief ⁊ treſmauuais. Et
ſoubz ce peche de malice oꝛ treuue ſiᵖ manieres de pechez
cõtre le ſait eſpit. Car ces deuᵖ p̃miers ſõt cõtre le pere a q̇
eſt attribue toute ſapiēce/⁊ cõtre le filz p cõſētemēt leq̇l ne
Boulut oncꝯ cõſētir aucũ mal tãt cõe il fut en ce mõde.⁊
malice affaitee eſt cõtre le ſait eſpit q̇ eſt appellee itremiſſi
Ble. Ceſt adire q̇ il neſt pas de legier pdõne cõe les p̃cedēs.
Le p̃mier peche cõtre le ſait eſpit eſt trop grātp̃ſũptiõ de la
miſericoꝛde de dieu. cõe ceulᵖ q̇ diēt/dieu eſt ſi miſericoꝛs q̇l
ne me ſiſt oncꝯ pour me dãner Et ſe fõdēt en leſcripture q̇
dit Miſereris oi̅z d̅n̅e ⁊ nichil odiſti eoꝛ q̇ feciſti.⁊c. Jtē ali
Bi. Nolo moꝛtē pctõꝛis.⁊cMais ilz nēt̅ēdēt pas ſainemēt
leſcripture cõe il la fauſt ētēdꝛe:⁊ pource dit le philozophe
Sciētia nõ habet inimicũ p̃ꝛ ignoꝛātē. Le ſecond peche eſt
deſperatiõ. Et ceſte eſt cõtraire a ſa premiere. Car ſa p̃mie
re eſlargit ſa miſericoꝛde de dieu ouſtre meſure ⁊ ceſte cy ſa
petice. Car capꞛ dit geſt.iiii.caMaioꝛ eſt iniq̇tas mea q̅ Bt
Beniã mereat. Et auſſi iudas dit. Peccaui tradēs ſãguiez
iuſtũ. Et eꝛ ceſte deſperatiõ il ſe pēdit Le tiers peche eſt q̇t
leꝛ impugne Berite a ſoꝛ eſciēt. ceſt adire quāt oꝛ dit mal
ſur autruᵖ pour lui oſter ſa Bõne renõmee a toꝛt ⁊ ſãs cau
ſe. Et pource dit le pſalmiſte. Pꝛohibe linguã tuã a malo

ꝗ labia tua ne loquatur dolū.Et chatō dit.Virtutē primā
esse puta ꝗ reſcere liguā   Le quart peche eſt quāt on ſeme
diſcoꝛde entre ceuꝪ ꝗ ſētreaymēt de bōne amour tāt en ma
riage ꞇ religion ꝗ autremēt ou quāt on a ēuie de la frater
nelle amour ꞇ charite ꝗ eſt ētre auctres pſōnes de religion
ou autremēt   Le quīt peche eſt obſtinaciō ceſt quāt le pe
cheur eſt obſtine a peche tellemēt ꝗl ne ſe Veult amēder ne
pour preſchemēt ne pour cōfeſſion ne pour paſꝗs ne pour
autre tēps   Le Vi.ꞇ derrain cōtre le ſait eſpit eſt finale ī
penitēce ceſt quāt on a ꝓpos determie de iamais ne ſe re
pētir ne amēder Et pource le cōfeſſeur doit biē enꝗrir le pe
nitēt au cōmēcemēt de la cōfeſſion ꞇ ſil eſt poīt encheu en
nul de ces pechez Et le doit faire cautemēt ꞇ auꝪ Vngz plꝰ
ꝗ es autres ſelō la diſcretiō ꞇ leſtat des pſōnes.   Lautre
maniere de peche eſt peche par tētacion . Et eſt aſſauoir ſe
des tētaciōs ꝗ me Viēnēt ie men doie cōfeſſer.A quoy ie re
ſpōs ꝗ entāt ꝗ tu nas pas biē ꞇVertueuſemēt reſiſte ꞇ que
en toy pa eu default:tu tē dois cōfeſſer car entāt ꝗ tu nas
pas ameſgry ta chair par ieunes Veilles ꞇ oꝛaiſōs p quoy
elle a eſte pluſtoſt enflābee a peche ꞇ auſſi que tu as dōne
lieu a ſēnemy ꞇ a ſes tētaciōs ꞇ ny as pas reſiſte a ta puiſ
ſāce:ꞇ ꝗ as plꝰaymie le mōde ꞇ plꝰpēſe du coꝛps ꝗ de ſame
par quoy tu nas pa3 reſiſte auꝪ tētaciōs tu tē doisꝗfeſſer
car toutes ces choſe cy ſōt peche   Itē ie treuue ēcoꝛes qua
tre autres manieres de peche ꝗ demādēt ꞇ criēt a dieu Vēgā
ce.cōe il appert par ces Vers.Clamāt ante deū VoꝪ ꞇ ſan
guis ſodomoꝛ.VoꝪ oppꝛeſſoꝛ VoꝪ de tētaqz ſabeꝪ   Le
pꝛemier peche ꝗ crie Vēgēce ceſt le ſāg de lꝰ̄ōe quāt aucū la
meurdꝛy ou tue Et de ce auōs eꝪēple eꝪ la Bible car le ſāg

de abel cria vēgeance a dieu de ce que son frere cayn sauoit
tue   Le second est peche cōtre nature Et de cecy auōs figu
re en la bible ou il met q̄ sodome ⁊ gomorre ⁊ autres citez
fondirēt pour loxreur dicelup peche   Le tiers est de ceulx
qui sont oppresse3 cōe des enfās qui sōt eslains aux vētres
de leurs meres.ou depuis q̄l3 sōt ne3 iusques a ce q̄l3 soiēt
en aage de sens ⁊ de discretiō. Et par especial de ceulx q̄
sōt ne3 sās baptesme.car de ceulx cy dit lapostre q̄ tout le
pais doit plourer lēfāt ne sās baptesme iusq̄a sept lieues
en la rōde   Le quart peche q̄ crie vēgēce a dieu cest la voix
de ceulx ⁊ celles a q̄ on retiēt leurs seruices ⁊ sallaires Et
sur ce pas icp le sage ⁰fesseur ne doit pas oubsper a enque
rir de to⁹ ces quatre peche3 a ceulx q̄ se viennent cōfesser a
lup se cest son aduis que ce sopent gens qui p aient delins
que ou peche en aucune maniere

Des condicions requises a vraye confession.   iiii.

c   Dmme il soit ainsi q̄ ape3 oup les cōdiciōs du peni
         tēt ⁊ du bon cōfesseur ⁊ cōe il se doiuēt lun vers lau
tre maintenir. Cp apres pourre3 oupr les cōdiciōs q̄ doit a
uoir bōne cōfessiō lesq̄lles selon ce q̄ ie puis trouuer sont
seze   La premiere cōdictiō si est q̄lle doit estre simple.cest
adire la q̄lle ne doit pōt estre double ne fouree.car on doit
dire la ⁰ppre fourme de son peche sās la fourrer de polp lā
gage. Et de ce dit dauid au psaultier. Deus vitā meā an-
nūciaui tibi.⁊c. Secōdemēt elle doit estre ⱨūble cōe fut cel
le du publicain. Luce.xviii.qui alōge stās nolebat oculos
ad celū leuare:sed percutiebat pectus suū dicēs. Dīe ⁰pici⁹
esto michi pctōri. Tiercemēt cōfessiō doit estre pure sans
faintise ou ⱨppocrisie ⁊ sans vaine gloire en racōtāt son pe

pechie ainsi villainemēt ql a este cōmis a perpetre. Quatr̄
temēt elle doit estre loyale Car le penitēt a le cōfesseur doi
uēt estre loyaulx a fermes en la foy catholiq. Et doit estre
faicte cōfession en esperāce dauoir pardon de ses pechez de
uāt dieu ou autremēt elle ne seroit pas meritoire a lame.
Quintemēt cōfession doit estre faicte souuēt:car cōe il soit
ainsi q no9 pechōs souuēt a q delegier sōmes abādonnez a
pechie:ainsi fault il souuēt aller au remede cestassauoir a
cōfession. Car celuy q ne va a cōfesse qune fois lan:il est i
possible ql sceust racōter ne dire la centresme ptie de ses pe
chez si iuste nya. Sixtemēt cōfession doit estre nue. Cest a
dire quon doit descouurir ses pechez en cōfessiō a les dire en
la forme a maniere cōe on les a fais sās les couurir ou ve
stir de beau lāgaige ne de nulles excusatiōs. La vii.cōdici
oñ q cōfessiō doit auoir est qlle doit estre discrete. Cest a di
re q le penitēt doit dire sagemēt ses pechez par bōne deuo
cion a cōtriciō Et doit eslire cōfesseur pdonne a suffisāt q ait
sciēce de sauo r iuger de to9 ses pechez a ait puissāce de lab
souldre a de luy bailler penitāce. La viii.est que la cōfessi
on doit estre volūtaire. Cest a dire ql viēne de sa ppre a pu
re voulēte sās aucune cōtrainte. Et beaucoup y en a q fail
lēt sur ce poit/car se pl9 p viennēt pl9 par cōtrainte qlz ne
sōt par deuociō. La neufuieme est que cōfessiō doit estre hō
teuse. Car le penitēt ne doit pas venir la teste leuee en riāt
cōe plusieurs font:mais doit auoir hōte dauoir si villaine
mēt pechie cōtre dieu.car cōe dit lapostre. Derecūdia bona i
cōfessiō est pars pene Et aussi on ne doit pas auoir si grāt
hōte quod en delaisse a cōfesser ses pechez:car telle hōte ne se
roit pas bonne. La x.condiciō est que confession soit en

tiere sãs nulle diuision cõe ceulp qui diēt vne ptie de leurs
pechez abng prestre/τ lautre ptie abng autre. Telle cõfes
sion nest pas bõne car il fault dire to⁹ ses pechez dõt on a
memoire abng seul prestre. Et sil y en a de si enormes q̃l
les faille remettre τ rēuoyer au souuerain la cõfessiõ nest
pas pourtãt diuisee:ains est pfaicte τ entiere. Car la diui-
sion q̃ se fait est du cõseil τ cõgie du cõfesseur τ du cõmãde
mēt de leglise q̃ ainsi se face La vnzieme est q̃lle soit secre
te tãt de la ptie du cõfesseur q̃ du penitēt car le penitent ne
doit riēs dire ne reueler de chose q̃ luy ait este ditte en cõfes
sion nen plus q̃lvouldroit q̃ le cõfesseur reuelast chose qui
luy ait este dicte τ cõfessee. La douzieme est q̃ cõfession doit
estre ploureuse τ lacrimable Cest adire q̃ on ne doit pas ve
nir riant par maniere,dacquit mais en grãs pleurs τ lar-
mes de cõtricion cõe fist la magdalene/τ plusieurs autres
deuotes psonnes. La trezieme est q̃ cõfession doit estre has-
tiue sãs attēte. Car si tost q̃ on a cõmis peche mortel on
doit aller diligãmēt se cõfesser τ en prēdre penitãce.car on
ne scait se on aura espace rusq̃s a lēdemain . Cõe mõsieur
sait augustin dit. Cum nullus sciat de hora mortis nutũ
est q̃ audeat in pctõ dormire. La quatorzieme est que cõfes
sion soit forte. Et sentēt estre forte en deup choses. La pre-
miere est q̃lle doit estre forte par deuocõ et contricion τ ne
doit le pecheur laisser a se cõfesser pour nul empeschemēt
mõdaĩ/mais doit laisser toute mõdanite pour obeir a dieu
τ entēdre a son sauuemēt. La secõde chose si est q̃l ait grãt
force τvoulēte de faire a dieu τ au mõde satisfacõ. La xv.
cõdicion est que cõfession doit estre accusant . Cest a dire q̃
le penitēt se doit accuser loyaumēt τ veritablemēt:et non

pas les autres cõme dit est. Et a ce ppos dit le sage. Ego
sum qui peccaui Nã iustus accusator est sui. La sezieme a
derraine cõdicion est q̃ cõfession doit estre preste a appareil
lee de son bõ gre a Boulẽte sãs nul pourforcemẽt receuoir
la penitãce telle cõe il plaira au cõfesseur. Ainsi q̃ dit nr̃e
saigneur math.iii.ca. Penitenciã agite.⁊c. Ce sont les seze
cõdicions qui douuẽt estre en toute bõne cõfession. Et pour
ce le bõ cõfesseur doit bien sagemẽt enquerir le penitẽt sil
a toutes icelles cõdiciõs Et si ne les a:il se doit esmouuoir
a cõtriciõ a a deuociõ tellemẽt q̃l les puisse auoir. Et aus
si a estre desplaisant q̃l ne les peut auoir. Et sont icelles
cõdiciõs dessusdictes cõgnues par les vers qui ensuiuent
Sit simplex/humilis/cõfessio:vera fidelis.   Sitq̃z fre
quẽs/nuda/discreta/libens/vereciida. Integra/secreta/la
crimabilis/accelerata fortis a accusãs a sit parere parata
     Cõme on se doit cõfesser. Et premieremẽt de la foy.⸿
o   R as tu ouy les cõdiciõs tant du penitẽt du g̃fesseur
      que de confessiõ:si est de necessite que ie parle cõme
le pecheur se doit cõfesser.et desquelles choses le cõfesseur
doit enq̃rir le penitẽt sil est ignorãt a q̃l ne se sache accuser
Et la premiere chose de quoy il se doit cõfesser selõ lopiniõ
des docteurs cest de la foy catholique cõme il sy est porte a
q̃lles offenses il ya faictes. Et pour parler de ceste matie⸳
re:ie treuue sept vertus que vng chacũ bõ chrestien a chre⸳
stiẽne doit auoir se il veult batailler cõtre lennemy denfer
Et q̃l ne les a il sen doit cõfesser de sa neg̃ligence et de ce q̃
par sõ default il les a perdues Desq̃lles vert⁹ en ya trois
theologalles/a quatre cardinales. Les trois vt⁹ theologa
les sõt foy/esperãce/a c̃harite.⸿ pour p̃ler de la premiere

est de necessite de sauoir que cest que foy . Dñ scdm aplm.
Fides est suꝛstãtia reꝛũ speradaꝛ argumẽtũ nõ apparẽti
um. Bel est illa ꝗ manifestat que per se nõ apparẽt. Augu
stinus. Credere qd nõ Bidet ꝗs: fides est. Ie trouue trops
manieres de peche cõtre sa foy La pꝛmiere maniere est quãt
aucũ dit parolles Baines de la foy ou des sacremẽs de le
glise: ꞇ quãt il nya pas ferme deuociõ ou creance. Et aus
si quant aucuᵑ se trouue eᵑ sa consciẽce de si fieble foy que
auãt quil souffrist la moꝛt ou les tourmẽs cõme firẽt les
Bõs martirs du tẽps passe quil laisseroit la foy ꞇ la loy de
dieu. Et de ce se doit oᵑ cõfesser. Car nous deuriõs souffrir
mil foys la moꝛt sil estoit possible auãt que renper la foy
ou la loy de dieu La secõde maniere ꝗ oᵑ peche cõtre la foy
Cest ne Biure pas seloᵑ la foy ꞇ la loy de dieu cõme sont
ceulx qui diẽt de Bouche. Ie croy ce que les autres croiẽt ꞇ
ce ꝗ leglise croit Toutesfois ilz ne fõt pas Bõnes ocuures
ꞇ ne se aBstienẽt pas de peche. Car cõe dit lapostre. Fides
sine operiꝫ moꝛtua est. Il ne suffist pas tantseulemẽt de
croire ains fault faire les ocuures cõe bõ ꞇ loyal catholiꝗ
ou la foy est moꝛte eᵑ la psonne ꝗ fait le cõtraire. Et de ce
cy se doit oᵑ cõfesser. car plusieurs eᵑ sõt entechez. La tierce
maniere que oᵑ peche cõtre la foy cest par ignoꝛãce entant
quoᵑ ne scapt pas les choses ꝗ appartiẽnent a la foy ꞇ les
articles dicelle car tous Bons chꝛestiens neᵑ doiuẽt point
ignoꝛer: ains eᵑ doiuẽt estre garnis ꞇ pꝛemunis: par espe
cial les pꝛelatz ꞇ les recteurs des eglises les doiuẽt remõ
strer a leurs subꝛectz. Et pour parler des articles de la foy
ilz sont contenus eᵑ la Credo. laꝗlle les apostres de iesu
cꝛist firẽt ꞇ cõpꝩserẽt. Et ya douze articles aĩsi ꝗl ya douze

apostres:car chacũ en fin fist son chapitre.Le premier cha
pitre si est. Credo in deum patren omnipotẽtẽ creatorem
ce.i z terre.lequel fist sait pierre z appartiẽt au pere.cest a
dire le pere lequel no⁹ deuõs croire estre vray dieu vne essẽ
ce sans fin z sans cõmẽcemẽt   Le secõd article est. Et in
iesũ xpm filium eius vnicũ dñm nostrũ.leql fist saint an
dieu.z appartiẽt au filz. Et en cestup deuõs croire sa per
sõne du filz qui prede du pere   Le tiers article est.Qui cõ
ceptus est de spũ sctõ natus en maria virgie.leql fist sait
iaque le grãt. En cestup deuõs croire cõme par loperacion
du sait espit le filz de dieu fut conceu en la glorieuse vierge
ge marie: z cõe il fut ne dicelle sans corruption la nupt de
noel.   Le quart article est.Passus sub põcio pplato cru
cifixu z mortuus z sepultus.leql fist saint iehan leuãge
liste. En cestup deuons croire cõe il souffrit mort z passion
pour nous to⁹ racheter des peines denfer.z cõe il fut cruci
fie pour no⁹ en larbre de la croix.z apres fut mis mort en
sepulture.   Le cinquieme article est.Descendit ad infer
na.z le fist saint phelippe.En cestup cy deuons croire q̃ la
deite descẽdit es parties denfer z rõpit les portes denfer.z
mist les saintz peres hors/qui cinq mil ans z plus auoiẽt
desire z attendu sa benoiste venue   Le sizieme article est
Tercia die resurrexit a mortuis z se fist sait thomas. En
cestup deuons no⁹ croire que nr̃e seignr̃ iesuchrist resuscita
de mort a vie au tiers iour en corps z en ame cõe vray dieu
z vray hõme   Le septieme article est.Ascẽdit ad celos se
det ad dexterã dei patris omnipotẽtis.z se fist sait barthe
lemy En cestup deuõs croire q̃ nostre seignr̃ quarãte iours
apres sa benoiste z puissãte resurrectiõ monta es cieulx en

corps ɤ en ame de sa ppre puissance ɤ se siet a la dextre de
dieu le pere oïpotēt   Le huytieme est . Inde ꝟenturie est
iudicare ꝟiuos ɤ mortuos. ɤ le fist sait matthias q̃ sut mis
apostre en lieu de iudas apres lascēcion. En cestuy article
deuōs croire q̃ en la fin du mōde nře seignr iesuchrist ꝟendra au ꝟal de iosaphat iuger les bōs ɤ les mauuais en la
ppre forme ɤ maniere q̃l sut crucifie ɤ mōstrera tous les
tourmēs desa passion q̃l souffrit pour no⁹.   Le neufsuime article de nře foy est. Credo in spm̃ sanctū sctā̃ ecclesiā catholicā sctōꝝ cōmunionem. ɤ le fist sait iaque le mineur. cest article appartiēt au sait espit. qui a patre ɤ filio
nō sactus nec creat⁹ nec genitus sed ꝓcedēs tantum. Et a
uec ce no⁹ deuōs croire les creāces q̃ nostre mere saicte egli
se croit: ɤ obeir aux cōmādemēs dicelle. cōme ꝟrais filz de
dieu ɤ dicelle. Et aussi croire la cōmuniō des saintz ɤ sain
ctes de paradis estre ꝟraye cōe lordōnāce ɤ cōstituiō de leglise le baille.   Le dizieme article est. Remissionē pctōꝝ
ɤ le f st sait symon. En cestuy deuōs croire la remission de
noz pechez estre faicte de la puissāce ɤ ꝟoulēte de dieu apres
sa passion par le sacrement de baptesme ɤ de cōfession par
bōnes oeuures ɤ oꝑaciōs que no⁹ ferons en ce mōde par le
merite de sa benoiste passiō ɤ des saintz ɤ sainctes de para
dis   Le ꝟnzieme article est. Carnis resurrectionē. ɤ le sist
sait iude. En cest article deuōs croire la gn̄ale resurrectiō
cest adire que auāt q̃ nře seignr iesucrist tiēne son iugemēt
to⁹ ceulx q̃ aurōt este nez depuis adam̃ le ꝓmier hōe iuśq̃s
a sa fin du siecle ɤ iusques au dernier ne au mōde resuscite
ront en leurs ppres corps ɤ ames pour aller en iugement
deuāt dieu. ɤ a ce ꝓpos dit mōsieur saint ambroise que les

anȝes crierõt auꝓ quatre coznetz de la tᷓe Surgite moztui
ẞenite ad iudiciũ. Le douzieme ꝗ derraĩ article de la foy eſt
ẟitã eᷓnã amẽ. ꝗ le fiſt ſait mathieu. Eɲ ceſtuy article de
uõs croire ꝗ aꝑs ꝗ nᷓe ſeigᷓr aura tenu ſõ iugemᷓt gᷓnal il
ẟõnera a toufiours mais ſãs fiɲ la ẞie eᷓnelle a to⁹ ceulꝓ
ꝗ celles ꝗ ſerõt trouuez du nõbze des bõs eɲ leur ẟ.ſãt. ẞe
nite bᷓndicti ꝑtis mei ꝑcipite regnũ qõ ẞobis paratũ eſt aẞ
origĩe mũdi. Et ꝑ cõtraire il dira auꝓ mauuais ꝗ reꝓrou/
uez. Iſte maledicti ĩ ignẽ eᷓnũ. ᷓc. Ce ſõt les douze articles
de la foy ꝗ ceulꝓ ꝗ ont bõne foy ꝗ bõne credẽce eɲ dieu doi/
uẽt ſauoir ꝗ eſtudier ſouuẽt. Si eſt biẽ de nᷓceſſite ꝗ le con
feſſeur aduiſe biẽ cõe le penutẽt a defaillꝓ eɲ ceſte foyꝗauꝓ
deſſuſditz articles Et ceulꝓ ꝗ ꝑ ont deſĩꝗ ꝗ defaillꝓ ſẽ doi
uẽt biẽ ꝗ deuemẽt ꝗfeſſer ꝗ accuſer ſelõ les poĩtz ꝗlȝ ẞerrõt
ou il ont defaillꝓ. Car cõe dit eſt . Sãs foy ꝗ ſãs tenir les
articles dicelle ꝗ ſãs les croir :nul ne peut plaire a dieu ne
faire eɲ ce mõde choſe ꝗ ſoit meritoire pour ſauuer ſõ ame.

De eſperãce ꝗ des ſept ſacremẽs de ſᷓlcte egliſe   ẞi.
Ⱥ ſeconde ẞertu theologale eſt eſperãce. Vnde ſpes
    eſt certa eꝑpectatio future beatitudĩs ẞeniẽs eꝓ gra
tia dei ꝗ meritis pᷓcedẽtibus. Ie treuue trois principaulꝓ
pechez cõtre eſperãce.   Le pᷓmier eſt quãt aucũ ſe laiſſe
cheoir eɲ labiſme de deſeſperaciõ ꝗ croit ꝗ ſoɲ peche eſt ſi
grãt que dieu ne luy ẞouldzoit iamais pardõner ou ꝗl ne
loſeroit iamais confeſſer ſicõe ſirẽt cayɲ ꝗ iudas ainſi ꝗ
tay dit cy deuant es pechez contre le ſait eſpᷓit. Contre leſ
quelȝ parle mõſieur ſait gregoire ꝗ dit.   Maioz eſt dei mi
ſericozdia. ꝙ noſtri miſeria.   Le ſecond pecße contre eſpe
rance eſt quãt le pecheur a ꝓpos de iamais ne laiſſer ſoɲ

peche. ᝣ toutesfois il a esperace destre sauue. Le peche est co
tre le sait espu côe iay dit deuat ᝣ est irremissible a q̃ y pse
uereroit iusqs a la . iij) Car nul ne peut estre sauue ᝣ aller
en paradis selon ce q̃ la saincte escripture dit sil ne sait ses
oeuures. Cest adire ꝗ ne fait côfession entiere ᝣ pfaire de
uocion ᝣ contricio ᝣ se il ne se abâdône a faire satiffacio ᝣ
penitace. ᝣ su nobeyst aux cômâdemês de dieu ᝣ de saincte
eglise.   Le tiers peche est quât la creature ne honore pas
les choses esqlles nre esperance doit estre fichee. Cest ass a-
uoir la passion nostre seignr resuscisl. les merites des saitz
ᝣ saictes de paradis ᝣ les sacremês de nre mere saicte egli
se. Onde gregou9. Qui nô honorat sâctos ᝣ passionê yᵖi:
nec habet debita reuerêtia eccleste sacramêta peccat contra
spê. Et pour pler a ce ppos ie treuue sept sacremês de sain
cte eglise. csq̃lz to9 lopaulx yᵖiens doiuêt auoir esperace q̃
par iceulx ilz serôt sauuez en faisât côe dit est les oeuures
a ce reqses   Le premier sacremêt de nre mere saicte eglise
est le sait ordre de prestrise. Côtre ce sacremêt font ceulx ᝣ
pechêt q̃ ont ledit sacremêt ᝣ nôt point reuerece en icelup ᝣ
quât ilz maynêt vie deshôneste ᝣ dissolute. car ilz doiuêt vi
ure de vie apostoliq. Itê ilz pechêt quât ilz ne font deuote-
mêt le seruice de leglise auql ilz sôt ordônez a faire. ou ꝗt
ilz delaissêt ou oublîet ou quant ilz administrêt les sacre
mês de leglise ideuemêt ᝣ ihonestemêt. ou quât ilz prenêt
les bnfices de leglise par symonie. ou quilz ne sont pas di
gnes. ou quât ilz vêdêt les sacremês. Et plusieurs autres
vices ᝣ pechez qui seroiêt lôgz a racôter. Aussi les gês lais
pechêt côtre ce sacremêt quât ilz ne portêt point hôneur ᝣ
reuerece pour lamour de dieu de q̃ ilz sôt seruiteurs ᝣ pour

lamour du sacremēt de prestrise q̃lz ont receu. ⁊ pour lhon
neur des sacremēs de leglise q̃lz administrēt a vng chcū.
Le secōd sacremēt de saicte eglise est le sacremēt de maria
ge. Contre ce sacremēt pechēt ceulx ⁊ celles q̃ ont receu ce
luy sacremēt quāt ilz rōpent ⁊ ilz enfraignēt la foy q̃l ont
baillee lun a lautre. ou quāt ilz vsēt en mariage desordon
neemēt ou sās esperāce de faire lignie cōe tu trouueras au
chapitre de suyure. Le tiers sacremēt est baptesme. Contre
ce sacremēt pechēt ceulx qui laissēt le vestemēt dinnocence
⁊ de purite pour faire peche mortel ⁊ ceulx q̃ ne se gouuer
nēt pas selon la foy ppienne ⁊ selō les cōmādemēs de dieu
⁊ aymēt mieulx prēdre peine pour les biēs tēporelz : que
pour la saluaciō de leurs ames Le quart sacremēt est gfit
maciō : seql doit estre receu apres baptesme si tost que on a
sēs ⁊ discrecion ⁊ cōgnoissāce de la foy . Cōtre ce sacremēt
pechēt ceulx qui ne lont poīt receu. car cest peche de nō le re
ceuoir. Et aussi pechēt ceulx qui se moquēt de ceulx ⁊ cel
les qui se recoiuēt ⁊ qui sōt paoureux ⁊ non pas hardis en
la foy de nře seignr. Le quint sacremēt est penitance qui est
diuisee en trois parties   La premiere est gtriciō de cueur
    La secōde cōfessiō de bouche   La tierce est satiffaciō
de fait. Cōtre ce sacremēt pechēt ceulx qui ne sōt poīt de cō
sciēte a pecher/⁊ qui retournēt de legier a leurs pechcz aps
la cōfessiō/⁊ qui ne acōplissēt par leurs penitāces de bon
ne deuociō. Et ceulx qui se laissēt trop lōguemēt en sentē
ce de excōmunicemēt ⁊ plusieurs autres cas cōme vo⁹ orrez
cy apres.   Le sizieme sacremēt de leglise est le sacrement
de lautel. Cōtre ce sacremēt pechēt ceulx ⁊ celles q̃ ne sont
pas a la messe deuotemēt ou quāt ilz sōt a la messe ilz pē

sent es choses mõdaines.ou quãt ilz parlẽt Baines parol
les a leglise.ou ilz fõt regars deshõnestes Et ceulx q̃ ne le
recoiuẽt pas deuotemẽt ne saictement ou q̃ y sõt double ou
y ont erreur ou quãt les gẽs de leglise le traictẽt idignemẽt
a irreucrãmẽt   Le Bii.sacremẽt est le sacremẽt de dernie
re Bnctiõ.Cõtre ce sacremẽt pechẽt ceulx q̃ ne le demãdent
pas en leur maladie a heure z a tẽps.ou qui ne se recoiuẽt
pas en bõ estat ou q̃ ne se Beulẽt pas receuoir ou les parẽs
du malade quãt ilz ne luy sõt pas receuoir de peur de coust
Et to⁹ ceulz q̃ nõt pas ces sacremẽs icy en Braie deuociõ z
remẽbrãce pechẽt otre la Btu desperãce.z pource aduise biẽ
le ofesseur soy mesmes pour les remõstrer au penitẽt z de
ce q̃l se trouuera defaillãt luy en bailler penitãce selõ sa cõ
ne discreciõ Car cest grãt chose q̃ les sacremẽs de saicte eglí
se.z en pa q̃ fõt moult de pechez a lẽcõtre dõt ilz ne fõt gue
res de osciẽce   De charite z desodrygmãdemis de la lop Bii.
  A tierce Bertu theologale:cest charite.Dñ caritas ni
    chil aliud est q̃ amor dei/sui/z pximi . Cest adire q̃
charite nest autre chose si nõ aymer biẽ cordialement dieu
de soy mesmes le sauuement/z de son pchain le biẽ z laud
cement.Et soubz ceste Btu de charite sõt cõpzins les d x cõ
mãdemẽs de la lop. Car qui ayme biẽ dieu de bõ cueur et
de bonne Boulente cõe tout Brap pfien le doit faire:il ne Ba
poit cõtre sa lop ou ses cõmãdemiens.lesq̃lz dix cõmãde
mens le treuue p ces trois motz dessus escriptz. Amor dei/
sui z pximi. Je treuue en la saincte escripture que quant
dieu bailla sa lop a moyse en la mõtaigne il la luy bailla
escripte de sõ doy en deux tables de pierre de marbre Eí la
pmiere table auoit.iii.des cõmandemens escriptz. En la

De charité a des d̄ p̄ cōmādemēs de la loy.

ſecōde en auoit ſept Les trois de la premiere table appartiē
nēt a la deite. z les ſept de la ſecōde table appartiēnet a ſa
tpalite. z a ce ppos p̄ le mōſieur ſait mathieu cu.xpii. cha-
pitre de ſō euāgile a dit. In amore dei z pximi tota lex pē
det z pphē. Ceſt a demōſtrer q̄ la p̄miere table touchoit ſa
deite z la ſcōde la tpalite. Et pour venir aux gmādemēs de
la p̄miere table ie treuue q̄ le premier gmādemēt eſt Spue
deos. ne vueilles pas croire en pluſieurs dieux. Et a ce pro
pos dit vng autre metrifieur Vnū crede deū. Aīſi eſt a croi
re a vng ſeul dieu z nō pas a pluſieurs Cōtre ce gmādeſit
Vōt ceulx z celles q̄ ſōt ydolatres/ſorciers/ſorcieres/diui-
neurs/diuinereſſes/charmeurs/z charmereſſes Ceulx z cel
les q̄ ſōt les beneiſſōs pour certaines maladies ou q̄ cueil
lēt herbes en diſāt. Pater nr̄. ou autre choſe affiŋ q̄ leur en
ſoit de pl⁹ grāt valeur q̄ prēnēt leur eſperāce au chant des
oyſeaux ou a lēcōtremit des loupz ou des ſiuutre Du q̄ ſōt
inuocaciō dēnemy. ou q̄ oeuurēt de art magiā. Du q̄ portēt
Breuetz au col. ou en q̄lq̄ lieu deſſ⁹ eulx pour garir des ma
lades de fieures z autres. Du q̄ ſōt aucūs veulx ſilz ne ſōt
licites z hōneſtes a faire. z pluſieurs autres choſes q̄ ſōt cō
tre le p̄mier gmādemēt q̄ ſeroiēt lōgz a racōter. Le ſecōd cō
mādemēt eſt ffugito piur a. Et a ce ppos dit leuāgile Nō
iurabis nomē dei tui ivanū. math. vii. Cōtre ce gmādeſit
Vōt ceulx q̄ iurēt dieu ou ſes ſaitz ou ſa foy ou ſes vt⁹ ou
ſes mēbres ou ſes creatures ou le renpēt ou maugreēt ou
deſpitēt en vaiŋ. To⁹ ceulx q̄ aīſi ſōt ſōt a rēuoier au p̄lat
par eſpecial du blaſpheme de dieu cōe de ſe renper ou mau
greer ou deſpiter ou de iurer ſes vt⁹ou aucūs de ſes mēbref
Car no⁹ nauōs en la loy aucūe cōtradictiō ſi nō ſi z nō. re

De charite & des dix comādemēs de sa loy.

q pl° en est dit cest pcche. Le tiers cōmādemēt est Sabbata
serua. vel Sabbata sāti, icōs. cest adire garde les festes Cō
tre ce cōmādemēt vōt ceulx q p sōt besoigner seur seruās
car ilz pechēt doublemēt & en portent seur peche & cesup de
seurs seruās. Ceulx q sot opseux & ne seruēt poit dieu aux
festes ou q p cōmettēt pechez car ilz en sōt pl°griefz Ceulx
q p sōt les dāces ou les esvatemēe. A ce ppos dit sait augu
stin. Choreas ducere diebz cōn eis pessimū est q ter ā arare
Ainsi les trois cōmādemēs de sa prumiere table appartiēt
a dieu Et q biē lesgarde il a sa vtu de charite entēt q obeit
a son dieu cōe il doit. Les sept cōmādemēs de sa scōde table
appartiēnēt a soy & a sō pchain cōe iay dit deuāt. Et pour
predre oultre. Le pmier cōmādemēt de sa serōde table & le
quart au nōbre des dix cōmādemēs est Honora prem & ma
trēt sis lōgeuus sup terrā. Cest adire. Hōnoure tō pere &
ta mere se tu veu.p viure lōguemēt sur terr. Itē eccliastes
vii. Qui prem aut matrē signo vbo aut sacto offēo t: vel
qd pei° est iy eos man° mittit reus est mortis. Cest adire q
quicōques offēse pere ou mere par parolle ou par signe ou
defait ou q pirs est met sa main a eulx il est digne de mort
en ce mōde & en sautre. Itē puerb. xxxvii. Qui sustrahit
aliquid a prē vel matre: pticeps est homicide Cest adire q ce
sui qui oste aucūe chose a pere ou a mere ou qui seur fait de
psaisir fait aussi grāt pechē q cesui qui fait homicide St est
biē necessaire q le cōfesseur enqere se penitēt cōe il sest por
te euers sō pere & sa mere tout au lōg. Et se ilz sōt mors
qlz biēs il a fait pour eulx. & sil a biē acōpsy seurs sais &
testamēs. Et plusieurs autres choses selō sa discreciō. Le
second cōmādement de sa seconde table & le cinquieme au

nōbre des dix est. Nō sis occisor. Cest adire quō ne face poīt
doccisiō ne de meurdre. Et a ce ꝓpos est il escript. Leuitici
Bicesimotercio. Quicūqz occiderit hōlem:morte moriatur.
Cest adire q̃ quicōq̃s fait meurdre/ou homicide il doit sou-
stenir mort/sil nē fait braie satiffactō ⁊ repentāce. Cōtre
ce gmādemēt Bōt ceulx q̃ fōt occisiō les Bngz des autres cō
me dit est.ou auroiēt Boulēte de ce faire se ilz ne craignoiēt
la iustice de ce mōde pl⁹ q̃ dieu. Et q̃ par Benin ou autres
poisōs ou sorceries fōt mourir ou secher aucūes creatures.
ou q̃ de guet a pēse cuidēt tuer aucū:⁊ sont biē marris q̃lz
ne le fōt ou peuent faire. Et plusieurs autres cas q̃ longz
seroiēt a racōter. Je mē raporte a la bōne discreciō du cōfes-
seur den aduiser le penitēt. Le tiers cōmādemēt de la secōde
table ⁊ le sizieme au nōbre des cōmādemēs est Nō furtū fa
cies. Cest adire. Tu ne feras poīt larrecin. Cōtre ce cōman
demēt Bōt to⁹ faitōs pillars rapineurs sacrileges ⁊ gñale
mēt to⁹ ceulx q̃ fōt a autruy ce q̃lz ne Bouldroiēt pas q̃ on
leur fist. cōe tu orras pl⁹ a plain quāt ie parlerap dauarice
⁊ de ses brāches. Le quart cōmādement de la secōde table ⁊
le septieme au nōbre des cōmādemens est. Nō mechaberis
Cest adire.tu ne feras poīt fornicatiō. En ce cōmādement
est defendu a hōme toute cōpaignie de fēme a congnoistre
charnellemēt ⁊ a fēme toute cōpaignie dhōe si nō seulemēt
en lestat de mariage sur peine de pechc mortel ⁊ de dānaciō
Cōtre ce cōmādemēt Bōt ceulx q̃ cōmettēt le peche de luxu
re tāt es brāches ⁊ circūstāces q̃ es depēdēces dicelui.cōe p⁹
a plain tu orras quāt ie ꝑlerap dicelui peche. Le quit cōmā
demēt de la secōde table ⁊ le huitieme au nōbre des dix cō
mandemēs est Non loqueris contra ꝓximū tuū falsū te

stimoniū. Cest adire Tu ne diras poit faulx tesmognage
cõtre tõ ꝓchain. Je treuues deux manieres de faulx tesmõ
gnage. La premiere est quãt aucũ iure z se pariure pour le
biē ꝓfit z ꝟtilite dautruy. La secõde est quãt aucũ iure z se
pariure en parlãt en marchãdãt ou en se iouãt ou en disant
aucũes folles ou oꝑsiues parolles. Et ces deux manieres
ne sõt pas sãs pecche. mais luy est plꝰ grãt que lautre: selõ
ce q le sermēt ou iurement est plꝰ solēnel. Et a ce ꝓpos dit mõ
sieur sait augustī. Perfectis ꟼiris nõ cõuenit mētiri: nec ꝑ
tꝓsalt alicuiꝰꟼita seruãda/nec ꝑ rebꝫ tꝓsalibꝫ qꝫ sic, aciedo
aīaꝫ suã occidit: seð bene eis licet ꟼerũ tacere z nõ falsũ dice
reꟼt si quis nõ ꟼust hõiem ad mortē ꝓdere nec eiꝰ bona tꝓa
lia sibi amittere: ꟼerũ taceat/sed nõ falsũ dicat Cõtre ce cõ
mãdemēt ꟼõt ceulx q̃ iurēt z pariurēt dieu z sa ꟼierge ma
rie les saintz z saictes de paradis par maniere de coustume
ou par courroux ou marrisson. Tous marchãs z gēs qui
se sõt par couuoitise de gaigner en ꟼēdãt ou en achetãt sõ
blasfemateurs du nõ de dieu z ceulx qui se pariurēt en iu
gemēt. Toutessois le blasfeme qui se fait deuant le iuge z
le sermēt aussi sont a remettre z a renuoyer au souuerain.
Le sizieme commandement de la seconde table z neufuie
me au nombre des commandemēs si est. Non desiderabis
ꟼxorem proximi tui. Cest adire. Tu ne couuoiteras point
pour pecher la fēme de tõ ꝓchain. Car le peche que tu fe
rois auec la fēme de tõ ꝓchain ou de tõ amy seroit plꝰ
grief que auec ꟼne estrãge. Le septieme de la seconde tab e
z le dizieme z dernier au nombre des cõmãdemēs est Nõ
concupisces rem ꝓximi tui. Cest adire. tu ne couuoiteras.
point la chose de tõ ꝓchain. Cest q̃ tu ne dois poit auoir

De prudēce ⁊ des oeuures de misericorde.

benuie sur ton pchain ne sur chose q̄l ait ainꝰ dois vſurer en
telle charite ⁊ amour vers luy q̄ tu apꝰtes ſō hōncur ſō pꝓ
fit ⁊ ſon bič en toutes choses cōe le tien. Cōtre ce cōmande
mčt ſont les čuieup q̄ ſont marris du bič dautruy. les lar
rōs ⁊ les auaricieup q̄ luy emblēt⁊ tollēt le ſič ⁊ pluſcurs
autres rapines q̄ ſeroiēt lōgues a racōter. Et pource le bō
cōfeſſeur doit diligēmēt enq̄rir ſe penitēt ſur ces dep cōmā
demēs icy ⁊ ſelō ce q̄l lē trouuera charge luy dōner le remē
de ainſi q̄l verra bō. Et ſe doit eſmolluoir dauoir en ſoy la
vtu de charite Et aiſi auez ouy des trois vtus theologales

De prudēce ⁊ des sept oeuures de miſericorde. vui.

e   T pour parler des quatre vtus q̄ ſont cardinales:il
        eſt de neceſſite de ſauoir la diffinicion de la prēmiere.
qui ſe nōme prudēce. Vnde prudētia eſt rerū bonaꝝ mala
rūꝗ certa ſciētia. Et dicuntur cardinales a cardo cardinis
qꝛ ſicut hoſtiū vertitur per cardices/ita perfectio ale voluit
pꝛ iſta 3 virtutes. Ceſt adire q̄ prudēce eſt la certaine ſciē
ce des choſes bōnes ⁊ mauuaiſes. Et ſont icelles vertus di
ctes cardinales a cardo cardinis qui ſignifie gont.car aiſi
cōme ſups ſe tourne par tout ou lē veult quant il eſt aſ
ſiꝫ ſur le gont:ainſi la pfection de lhōe ſe tourne ⁊ vire ſur
ces quatre vertus icy.ceſtaſſauoir prudēce/attrēpāce/forꝰ
⁊ iuſtice. Je treuue q̄ prudence a trois principales cōdiciōs

La pmiere ſi eſt memoire par quop elle regarde ⁊ gpret
les choſes q̄ ſōt paſſees   La ſecōde eſt entēdemit parquoy
elle regarde les choſes qui ſōt de pñt.   La tierce eſt prou
dēce par quop elle regarde les choſes q̄ ſont a aduenir. Et
par ceſte vtu de prudēce q̄ cōgnoit les choſes paſſees pñtes
⁊ aduenir peut en cōgnoiſtre les defaultz qui peuent adue

nir a corps humain tãt corporellemẽt q̃ spuellemẽt. cõme
fain/soif/estre nu/estre desloge/estre empuisõne/estre mala
de/estre mort. Ce sont les sept defaultz q̃ peut auoir tout
corps humain corporellemẽt. Pour lesq̃lz aider par la bõ
ne puisiõ de prudẽce sõt ordõnez sept oeuures de misericor
de.cõme dit sait mathieu au ꝰꝰꝟ.chapitre de son euãgile .
Esuriui.⁊ dedistis michi mãducare. Cõtre ce premier oeu
ure de misericordeuõt ceulp ⁊ pechẽt griefuemẽt q̃ uoyent
les poures auoir necessite de mẽger ⁊ ne leur en dõnẽt,poit
Et par especial les riches gẽs les grãs seigñrs les prelatz
⁊ ceulp qui sont bñficiez qui doiuẽt estre pauperũ dispẽsa
tores.   Le secõd default corporel cest auoir soif.Et pour
aider a ce default noꝰ dõne prudẽce la secõde oeuure de mi
sericorde.Cõe dit monsieur sait mathieuuõi supra. Sitiui
⁊ dedistis michi bibere. Cõtre ce second oeuure uõt ceulp q̃
uoiẽt les poures auoir besoing de boire ⁊ ne leur en dõnẽt
poit se ilz ont de quop leur en dõner Et silz nõt de quop:ilz
doiuẽt auoir pitie ⁊ cõpassion auec bõne uoulẽte de se faire
se ilz auoiẽt de quop.   Le tiers default corporel est estre
nu.Et pour aider a ce default noꝰ donne prudẽce la tierce
oeuure de misericorde. cõe dit psaie au quarãtehuitieme cha
pitre de son liure. Cũuidens nudũ operi eũ.ꝛc.Et sait ma
thieuuõi supra dit. Nudꝰ erã ⁊ cooperuistis me. Contre ce
tiers saillẽt les riches puissãs ⁊ bieuestus q̃ nẽ tiẽnẽt com
pte ⁊ ne les reuestẽt point   Le quart default corporel est
estre desloge.Et pour aider a ce default noꝰdonne prudẽce
le quart oeuure de misericorde cõ dit mõsieur sait mathieu
uõi supra Hospes erã ⁊ collegistis me.Cõtre ce quart oeu
ure de misericorde pechẽt ceulp q̃ sont biẽ logez ⁊ biẽ cou

chez ⁊ laissēt les poures mourir de froit a gesir auȳ rues ⁊
souȳz les estauȳ   Le cinquieme default corporel est estre
emprisōne. Et pour aider a ce default dit iceluy saint ma⸗
thieu ȳȳi supra. Jncarcerat⁹ erā ⁊ȳenistis ad me. Cōtre ce
cinquieme oeuure de misericorde defaillēt ceulȳ q̃ ne dōnēt
auȳ prisōniers ou a ceulȳ q̃ quierēt pour eulȳ a les pēser
ou deliurer   Le sizieme default corporel est estre malade
Et pour aider a cestuy default dit leuāgeliste dessus nōme
Jnfirm⁹ erā ⁊ȳisitastis me. Cōtre ce sizieme oeuure de mi
sericorde faillēt ceulȳ q̃ ne ȳōt ȳisiter les malades ⁊ ne leur
portēt de ce q̃lz ont ou pour leur ēseigner le salut de leurs
ames.ou pour leur dōner medecine se cest p̃sōne q̃ le sache
faire   Le septieme default corporel est estre mort. Car il
cōuiēt q̃ to⁹bōs ⁊ mauuais foibles ⁊ fors ieunes ⁊ȳieulȳ
ȳiēnēt a la mort. Et pour aider a cestuy default no⁹ dōne
prudēce le septieme oeuure de misericorde cōe dit monsieur
sait mathieu ȳȳi supra. Mortuus fui ⁊ sepelistis me. Con
tre ce sont ceulȳ q̃ neȳeullēt enseuelir les mors ⁊ ne aidēt
poīt a les porter a leglise ou au cimetiere pour les mettre
en tre   Les parolles dessusdictes cestassauoir. Esuriui ⁊
dedistis michi manducare. sitiui ⁊ dedistis miihi biȳere: ȳo⸗
spes erā ⁊ collegistis me. nudus erā ⁊c. ce sont les paroles
q̃ dieu dira au iour du iugement auȳ bōs q̃ aurōt biē fait
les oeuures de misericorde plaisātes a dieu en les apellāt
auec luy ⁊ en leur disāt. Denite bādicti p̃ris mei possidcte
paratū ȳob⸗s regnū a cōstitutiōe mūdi. Et auȳ mauuais
q̃ nē aurōt riē fait il dira. Esuriui ⁊ nō dedistis michi .⁊c.
Jte maledicti in igniem eternū. Mauditz de dieu mon pere
qui nauez pas acomply au mōde les bōnes oeuures de mi

sericorde pour la saluaciõ de voz ames allez bõs en au feu
perdurable denfer. Je vous p condãne a tousiours mais sãs fin
Et pource le bõ cõfesseur doit bié enquerir le penitét cõe
il les a acõplis. ꝛ sil ne les a faictes: il doit amonnester de
les faire ꝛ acõplir le téps aduenir en son pouoir ꝛ lui doit
encharger penitãce du default ꝗl en a fait.   Les defaulp
ꝗ peuét aduenir a hõme ꝛ a féme espuellemét sont ignorã
ce mauuais couraige / tristesse / felõnie / foiblesse despit / ten
dresse / aduersite Et pour resister a ces defaulp deuõs auoir
les sept oeuures de misericorde espuelles Cõtre le premier
default espirituel deuõs auoir doctrine. Car quãt õ voit
aucun ignorãt par especial des choses appartenantes a la
foy catholique: on les lup doit enseigner ꝛ remonstrer les
pointz de la foy. Cõtre cecy pechét les grãs clercz les eues
ques les curez ꝛ chapelains ꝗ ont la charge ꝛ le gouuerne
mét des ames quãt il ne remõstrét pas diligémt les poitz
de la foy a ceulp ꝗ en sõt ignorãs   Le secõd default espi
rituel cest mauuais couraige quãt aucũ ne veult croire ꝗ
sa ꝓpre volõte pour psõne ꝗ lup remõstre son default. Cõ
tre ce default auõs la secõde oeuure de misericorde espuel
le ꝗ est nõmee castigacion. Cest adire ꝗ on doit corriger et
chastier les mauuais. Cõtre cecy font peche les euesꝗs cu
rez ꝛ chapelains ꝗ ne corrigét pas les mauuais cõe ilz doi
uét ou ꝗ en prénét argét pour ne les corriger poit publiꝗ
mé: ꝛ plusieurs autres maulp   Le tiers default espuel
est tristesse courroust ꝛ marrissémt tãt pour les choses espi
rituelles ꝗ téporelles. Cõtre ce default deuõs auoir la tier
ce oeuure de misericorde espuelle ꝗ se nõme cõsolaciõ. Car
tous grãs ꝛ petis sõmes tenus recõforter les vngz les au

tres en toutes tribulatiõs ⁊ necessitez ⁊ de les cõsoler ⁊ res
mettre a bõne bope. Contre cecy pechẽt to⁹ de q̃lq̃ estat q̃lz
soiẽt silz ne le fõt ainsi   Le quart default espũel est felon
nie quãt aucũ est si felon ⁊ si despit q̃l ne Beult pardõner a
ses malfaicteurs. Cõtre ce default deuõs auoir la quarte
oeuure de misericorde espũelle.cest pardõ.car no⁹ deuõs p
dõner a tout le mõde:ainsi q̃ no⁹ Boulõs q̃ dieu no⁹ pardõ
ne.Cõtre cecy pechẽt to⁹ ceulp de q̃lq̃ estat q̃lz soiẽt qui ne
Beullẽt põdner ⁊ tiẽnẽt leur courage cõtre ceulp q̃ deman
dẽt pardõ.   Le cinquieme default espũel cest foiblesse de
spit:quãt aucũ est si foible q̃l ne peut porter les tentacions
sans cheoir en peche ou quil ne peut ieusner ne faire ses pe
nitãces ne les cõmãdemẽs de leglise par faulte de deuociõ
Cõtre ce default deuõs auoir la cinquieme oeuure de mise
ricorde espũelle.cest force:car no⁹ deuõs estre fors a souste
nir toutes tentacions ⁊ y resister ⁊ aussi porter ⁊ endurer
toutes peines mondaines ⁊ temporelles pour la saluaciõ
de noz ames.cõtre cecy pechẽt to⁹ ceulp q̃ ne peuẽt ẽdurer
les choses dessusdictes.Et moult en pa q̃ pechẽt en ce cas:
mais ie men raporte au Bon cõfesseur de les ẽquerir au Bif
sur ce pas.   Le sizieme default espũel cest tendresse.⁊ est
quãt aucũ obept pl⁹au corps q̃ a lame Cõtre ce default de
uõs auoir la sizieme oeuure de misericorde espũelle.cest cõ
sideratiõ.Car nous deuõs cõsiderer q̃ le corps nest riẽs ⁊ q̃
lame est imortelle Aussi deuõs cõsiderer les ioyes de para
bis q̃ les Bõs aurõt ⁊ les peines dẽfer q̃ sõt ppetuelles aup
mauuais.Et moult dautres Bõnes gsideraciõs q̃ Bng cha
cun doit auoir a la saluaciõ de son ame.   Le Bii.default
espũel cest aduersite/tẽtaciõ/⁊ afflictiõ espũelle:q̃ aduiẽt a

plusieurs deuotes creatures. Côtre ce default deuôs auoir
la septieme oeuure de misericorde espuelle.cest oraisô.Car
chacû doit prier pour ceulx q̃ sôt en telles aduersitez.⁊ par
especial pour soy ⁊ pour ceulx a q̃ on est le pl⁹ tenu. Si est
biê de necessite q̃ le gfesseur soit sciêt ⁊ biê diligent denq̃r
le penitêt sur ces oeuures de misericorde dessusd.car moult
p en a q̃ p fõt de pechez.Et nê est au iourduy gueres de si
bôs q̃ sen sceuffêt excuser silz se Boulorêt bien loyaulment
côfesser ⁊ accuser de leurs defaultes.

De attrempance ⁊ des sept dons du saint esperit　　iy.
L A secôde Bertu cardinale est attrêpâce.Vnde têperã‐
tia est nichil appetere penitêdû i nullo lege moderª
tionis excedere sub iugo rationis cupiditatê domare.Cest
adire q̃ attrêpâce ne se repêt iamais de rien q̃lle face car en
nulle chose q̃ soit elle ne passe iamais sa loy de moderaciô
Ie treuue q̃ toute psône q̃ se gouuerne par ceste Btu est aco
pagnee de sept Btus q̃ on appelle les sept dôs du sait espit

Le premier don est le don de sapience.car q̃ se gouuerne
par attrêpâce il peut biê dire q̃l est sage ⁊biê istruit ⁊ pour
lame ⁊ pour le corps　Le secôd est le don de sciêce q̃ aprêt
a soy gouuerner auec les môdals par attrêpâce ⁊ bône Bie

Le tiers don est le don de gscil q̃ côseille lame ⁊ le corps
es choses doubteuses　Le quart est le don dêtêdemêt q̃ fait
entêdre q̃lles choses sôt a faire ⁊ a laisser　Le B.est le don
de force q̃ fait estre ferme ⁊ biê pacient en toutes choses côe
dessus est dit.　Le sizieme est le don de pitie q̃ fait auoir le
cueur piteux ⁊ côpaciêt des choses ppreres côtre la Boulê‐
te de dieu　Le sepɩieme est le don de paour q̃ fait craindre
dieu ⁊ ses iugemês ⁊ doub.er les peines dêfer.Ainsi ceulx

qui ont en soy ceste vtu dattrēpāce dieu dōne ces sept dons
en lame diceulx. Et pource le penitēt doit biē estre desplai
sāt enpfessiō quāt il na poīt ceste biēneuree vtu: ne ces sept
tāt beaux dōs. Et doit le cōfesseur luy admōnester ql met-
te peine de les auoir au tēps aduenir cōe vzap filz de dieu.

De force.

¶ A tierce vtu cardinale: cest force. Dūt fortitudo est pe-
riculoz cōsiderata susceptio. Cest adire q̄ vtu de for-
ce est vne cōsideraciō en son cueur des perilz lesq̄lz on peut
auoir a lame ꞇ au corps. ꞇ par ceste vtu se garder diceulx
perilz. Je treuue q̄ ceulx q̄ ont cestevtu en leur ame sōt ac̄
paignez de ses vert⁹ cōtre les sept pechez mortelz. car q̄ au
ra ceste vtu de force il sera en son espit hūble doulx ꞇ de bō
naire: ꞇ resistera au pecße dorgueil ꞇ a toutes ses brāches.
Secōdemēt auec ceste vertu de force il aura la vtu q̄ on ap
pelle benuolēce q̄ est cōtraire a ēuie ꞇ a ses brāches Tierce
mēt il aura paciēce en toutes tribulaciōs ꞇ aduersitez laq̄l
le est cōtraire au mauuais pecße de ire ꞇ de īpaciēce. Quar
temēt il aura la vtu de largesse ꞇ de suffisāce q̄ est cōtraire
au maudit pecße dauarice Quitemēt par la vtu de force on
peut puenir a celle vtu de diligēce de biē faire ꞇ delaisser le
mal q̄ est cōtraire a pereße. Sixtemēt il aura la vtu de so
brieté ꞇ dabstinēce q̄ est cōtraire au pecße de gloutōnie. Et
derrainemēt par la vtu de force on a la vtu de chastete ꞇ de
cōtinēce q̄ est cōtraire au maudit pecße de luxure. Ainsi ceste
vtu de force est acōpagnee de sept dames. cest adire des vii.
vert⁹ pour batailler puissāmēt cōtre lēnemy dēfer ꞇ cōtre
pecße. Si doit chacū pecheur mettre peine dacq̄rir celle vtu
de force. se on ne la on se doit cōfesser ētāt q̄l y a de sō default

¶ La quarte Uertu cardinale cest iustice. Vñ iusticia est
Uirt⁹ vnicuiqz qd suũ est tribuēs.falicz supiori/infe
riori/a equali. Cest adire q̃ iustice est Une Utu leq̃lle distri
bue a baille a Ung chacũ ce q̃ est sien sãs faire tort anully.
cest assauoir a pl⁹ grãt q̃ soy hõneur a reuerẽce. A soy egal
amour/fraternite/aide/a cõseil. Et pareillemẽt a ses sub
iectz garde/subiectiõ a discipline cest sa ppre Uertu de iusti
ce ¶ Ie treuue plusieurs pechez par ce q̃ la Uertu de iustice
nest poit biẽ garde dun chacũ chrestien a chrestiẽne. ¶ Le
pmier peche est q̃ chacũ ne rẽt pas hõneur a reuerẽce a obe
diẽce a son souuerain soit spũel ou tẽporel ¶ Le souuerain
seignr espũel. Cest le pape/ses cardinaulx/a aussi les ar
cheuesq̃s/euesques/abbez/prieurs/curez/ou chapelais. auf
q̃z chacũ de ceulx q̃ sõt au dessoubz en son degre doit obeir
a entedre a leurs cõmãdemẽs Et silz ne se font: ilz pechẽt
a sen doiuẽt accuser a confesser. Le souuerain seigneur tem
porel. Cest le roy/les ducz/les contes/les barons/cheua
liers a escuiers q̃ chacũ endroit soy a subiectz a tẽporalite a
gouuerner ausquelz les subiectz doiuẽt obeir a leur payer
leurs rẽtes a deuiers pour les soustenir a leurs estatz entre
tenir sans riẽs leur en tollir ou embler Et aussi leurs sou
uerais leur doiuẽt garder iustice a les doiuẽt tenir en paix
a en amour lun vers lautre. Et ceulx q̃ autrement le font
tãt souuerains que subiectz pechẽt mortellemẽt a sen doi
uẽt cõfesser a faire satiffacion a partie. ¶ Le second peche
cõtre la Uertu de iustice est quant on na pas amour frati
nelle/ayde/a conseil a bonne Uoulẽte auec ses egaulx. Et
chacun selon sa Uocation doit regarder comme sa consciẽce

en est chargee ↄ fen ꝗfeffer ↄ ameder.car plusieurs grās pe
chez en peuēt Venir ꝗ feroit chose lōgue adire ↄ reciter.   Le
tiers peche cōtre iustice est quāt on ne regarde pas ses sub,
iectz en bōne correctiō ↄ discipline.car auctessois les sub,
iectz par default de bōne correctiō sont de grās ↄ enormes
pechez ꝗ ʒ ne feroiēt pas se ilz estoiēt bien corrigez de seur
souueram tāt deglise ꝗ de gēs lais chacū en sa Vocatiō. Mais
Vbi nō est ordo ↄ iusticia ibi est ꝗfusio pctōꝝ. Et ait apłūs
    Le quart peche cōtre iustice est au regard des marchans
Vēdans ↄ achtās les derrees parmy le mōde.car ilz ne re
gardēt pas biē iustice entāt ꝗlz Vendēt les derrees aucunes
fois plꝰla moitie ꝗlz ne Valēt ↄ ꝗl ne seur ont coust: ↄ y de
coiuēt leur ꝓphain. Ainsi iustice est faillie en icelle decepti
on:laꝗlle ne Veult iamais faire tort a autruy   Le quint
peche cōtre iustice si est au regard de toꝰ mestiers. Car cer,
tainemēt au iourduy nulz ne sōt ꝗ biē pou qui facēt leurs
mestiers ꝗl ny ait deception fraude barat ou tricherie:iurer
pariurer ↄ mētir.ↄ laꝗlle chose ne Veult pas iustice : mais
Veult ꝗ chacū soit iuge de faire son mestier aussi bō iuste ↄ
lopal pour les estrāges cōe il Vouldroit pour sui   Le sixie
me peche est au regard des seigūrs tant deglise ꝗ lais ꝗ de
partēt les offices ↄ bñfices a ceulx ꝗ ne sōt pas dignes de
les auoir.cōe de les bailler a torcheurs de cheuaulx chas,
seurs ↄ autres seruiteurs iuttles.Et les clercz ↄ autres de
bōne Vie ↄ hōneste cōuersatiō nē aurōt nulz.Bailler aussi
les sergēteries a truādailles ↄ mēgeurs de poures gēsqui
ne sōt pas dignes destre porchiers.ↄ toutes manieres dau
tres officesↄ charges bailler a ceulx ꝗ voit ne le Valēt Toꝰ
ceulx qui ainsi les baillēt pechēt moult griefuement ↄ ne

ſont pas dignes dauoir les dignitez q̃lz ont:τ ſaulſiſt mi⸗
eulp pour leurs ames nē auoir poit.car ſeuāgile dit Quid
pdeſt homini ſi vniuerſū mūdū lucret aīe vero ſue detrimē
tū patiaꝵ.Le ſeptieme peche contre iuſtice eſt au regard des
aduocatz quant ilz ſouſtiēnēt τ nourriſſent vne mauuaiſe
cauſe cōtre aucū.ou quāt ilz pꝛēnēt trop grāt ſouper pour
auoir dit deup ou trois motz pour q̃lq̃ bõ hõe ſelõ la loy
de dꝛoit τ de iuſtice ilz ſe doiuēt ꝙ̃feſſer τ amēder τ faire re⸗
ſtitutiõ ſur peine de dānaciõ.Le huyptieme peche eſt au re⸗
gard des iuges ꝙ̃ doiuēt gauuerner iuſtice quāt ilz ſont de⸗
faillās cõe ꝙ̃ dõneroit ſētēce a toꝛt τ ſās cauſe daucūe cau⸗
ſe dõt on ſcaitroit biē le cõtraire ceſt vng peche treſdānable.
τ ſõt tenꝰ a faire reſtitutiõ.Et auſſi ceulp ꝙ̃ pꝛēnēt remu⸗
neraciõ des pꝛties de la cauſe q̃lz doiuēt iuger.τ pluſieurs
autres cas enoꝛmes.Les iuges ꝙ̃ ainſi ſõt ſõt tenꝰ de faire
totale ſatiſſaciõ du leur pꝛpꝛe aup parties τ culp en cõfeſ⸗
ſer τ poꝛter grādes penitācꝰ en pmettāt de iamais np ren
cheoir.Ainſi dõc de toutes ces choſes icy ſe doit ꝙ̃feſſer le pe
nitēt la ou il verra auoir deſinꝙ̃ τ faillp.Et auſſi le bõ cõ⸗
feſſeur ſe doit amõneſter τ auiſer ainſi q̃l verra la facõ τ
maniere de viure du penitēt:car il ſault auiſer les vngz de
certains cas τ les autres dauttes cas ſelõ la maniere de la
cõuerſaciõ des creatures de parmp le mõde.Tu as oup cõe
le cõfeſſeur doit enꝙ̃rir le penitēt de la foy pꝛemierement τ
des autres vertꝰ.τ cõe le penitēt ſe doit accuſer.τ les enoꝛ⸗
mes cas quõ p peut trouuer.ſi peulp icy apꝛes le tepte τ les
vere apparcauoir τ entēdꝛe.In pꝛimis q̃rat cõtrit̃ꝰ quõ cre
dat.Si credat coꝛde:ſane fateaꝵ τ oꝛe.Poſt hec rimeꝵ ſacer
dos vulnera caute.Sibi ſi pe moneat ſacerdos ne recidiuet

Et si relabat qfestin cõfiteat. Lexppõn de ces vers est telle.
In primis qrat. zc. Cest adire q̃ le cõfesseur doit au p̃mier
de la qfessioɲ enq̃rir le penitẽt de la foy catholiq̃ cõmẽt il p
croit. Si credat corde. Cest adire q̃ sil le croit de bõ cueur et
de bõne voulẽte la foy z la loy q̃l dit/aussi cõ f̃sser de cucur
z de bouche. de cueur par qtriciõ: z de bouche eɲ relatãt z re
citãt ses pechez eɲ la forme z maniere q̃l les a fais Post hec
rimet. Cest adire aps q̃ le pecheur aura dit tout ce q̃lẽ au
ra eɲ memoire z dont il luy souuiẽt: le prestre le doit enseiꞇ
gner subtillemẽt des cas esq̃lz le prestre verra q̃l sera plus
enclin. Si3i sepe mo. Cest adire q̃ sil aduiẽt q̃ le pecheur re
tourne a peche le prestre le doit amõnester q̃ incõtinẽt z sãs
delay il retourne se cõfesser z predre penitance.

Des cinq sens de nature vii.

C̾est de necessite maintenãt q̃ ie viẽne a declarer les
pechez mortelz z les brãches diceulx. Et pour procedet
eɲ ceste matiere il cõuiẽt premieremẽt pler des cinq sens de
nature. desq̃lz icculx pechez prẽnẽt cõmẽcemẽt z naissance
Dr qulqz sẽsus dicũt feneftre: z per has senestras mors id
est pctm̃ mortale ĩtrat aias n̾tas. Cest adire q̃ les cinq sẽs
de nature sõt appellez fenestres par lesq̃lles peche mortel
q̃ est dit mort entre iusq̃s a noz ames Les cinq fenestres de
quoy ic ple sõt les peulx/le nez/les oreilles/la bouche / les
mains/z les piez. Et note biẽ ce mot q̃ iamais nul peche q̃
on face eɲ quelque maniere que ce soit nest dit mortel iusq̃s
a ce que le cueur de la creature ait dõne cõsetemẽt. mais de
puis q̃l sest cõsẽtu par dedẽs a la mauuaise voulẽte: le pe
che est cõsũme mortel. Le p̃mier des sẽs de nature ce sõt les
peulx. Et de ce dit le prophete eɲ plãt a dieu . Auerte oculos

mens ne vidcāt vanitatē. Et iob dit . Oculus me⁹ deſpdat⁹
cſt aiam̄ meā. Jl cſt vray q̃ les peulx pillēt lame quāt on
regarde aucūe choſe mōdaine cōe oz/argēt/richeſſes a au-
tres choſes. Et aῆs ce regard on dōne cōſētemēt en ſō cueur
quō vo. ſdroit que leſoictes choſes fuſſēt aduenues a quoy
ſi arreſte trop lōguemēt Et a chacū des cinq ſēs de nature
peulx tu trouuer ſa naiſſāce de to⁹ les ſept pechez moztelz
car ſe tu regardes aucūes creatures ſoiēt hōes ou ſēmes q̃
ne ſoiēt pas ſi beaulx ſi tēnes ſi briēveſtus ſi habiles ſi ri-
ches ne ſi puiſſās cōe tu pēſes eſtre. a tu tē moques ou les
deſpriſes ceſt peche dozgueil. Car en ce faiſāt tu te eſlieues
a te dōnes louēge entāt q̃ tu as les accidēs deſſuſd mieulx
appointez q̃ les autres. Et ſe tu regarde aucūc pſonne qui
ſoiēt mieulx fortunees au mōde q̃ toy a tu en es marry en
ton cueur de leur pſperite ou par cōtraire ſe tu es ioyeulx
de leur veoir aucū mal ou aduerſite ceſt le peche dēuie . Et
ſe tu regardes aucūes richeſſes oz/argēt/poſſeſſiōsa toutes
autres choſes terriēnes a mōdaines a en les regardāt tu cō
ſēz en tō cueur q̃ tu vouldroies q̃lz fuſſēt tiēnes/ou en vou
droies auoir autāt ou pl⁹ ceſt le peche dauarice. Et quāt tu
regardes aucūs grās ſeign̄rs ou autres pſonnes q̃ to⁹ les
iours ne ſeruēt a ne fōt ſi nō eulx eſoatre a tu deſires le fai
re ainſi affin dauoir ton aiſe mōdain/ou q̃ tu tarreſtes trop
a regarder iſelles mōdaines vanitez ceſt le peche de pereſce
Et quāt tu vois vins/viādes de toutes ſortes a tu les deſi-
res en ton cueur. ceſt le peche de gloutōnie q̃ ſe ꝗſūme ia en
ton cueur a en ta ꝗſciēce. Et quāt tu fais mauuais regarz
charnelz ſur ſēmes de q̃lꝗ eſtat q̃lz ſoiēt a tu les deſires en
ton cueur a vouldzois auoir cōnis auec elles loperaciō na

turelle:cest le peche de luxure. Ainsi les yeulx a qui ne les
gouuerne bie de to⁹les sept pechez mortelz brãches depēdē
tes ⁊ des circōstãces diceulx peuēt chacūe heure aucūs com
mettre. Et pource chacū se doit bien aduiser ⁊ regarder ses
cinq ses naturelz nettemēt sãs nul peche . Les yeulx no⁹
sōt baillez pour no⁹ Beoir cōduire p le mōde a faire bonnes
oeuures a la saluaciō de noz ames:pour regarder le corps
de iesucrist deuotemēt ⁊ auec grãt cōtriciō de to⁹noz pechez
entre les mains du prestre. Et pour regarder le crucifix en
memoire de la passiō nře seigřr iesucrist q̃ fut crucifie pour
no⁹ en larbre de la croix. Et pour regarder deuotemēt ly
mage de la benoiste Bierge marie ⁊ des autres saītz ⁊ sain
ctes de paradis en les regardãt pour auoir memoire de la
Bie q̃fz ont menee en ce mōde pour acq̃rir le royaulme des
cieulx cestassauoir la gloire de padis.⁊ pour regarder les
poures les malades ⁊ les emprisōnez en pitie ⁊ autres re
gars charitables q̃ no⁹pouōs faire de noz yeulx To⁹ ceulx
q̃ en autres opaciōs ēploiēt leurs yeulx pechēt en aucū de
ces sept pechez morteĩz cōe dessus est dit. Le secōd ses de na
ture ce sōt les oreilles. Et a ce ꝓpos dit le saige. Sepi au
res tuas spinis ⁊ noli audire linguã nequã.⁊ facias seras
auribz tuis.cest adire q̃ le sage salomon cōseille quon face
des claueures pour estouper les oreilles affin quō nētēde
poit parler la mauuaise lãgue. Les claueures pour estou
per les oreilles sōt supr les lieux les places ⁊ les psonnes
ou se peut oupr mauuaises parolles Les oreilles ēgēdrēt
aussi biē les sept pechez mortelz cōe sōt les yeulx aīsi peux
prēdre exemple a ce q̃ iay parle des yeulx q̃ nest ia mestier
de reciter a chacū ses:car la subtilite du lisãt pourra aussi

bię trouuer sa pratiq en lisāt ce q̃ iay dit des peulx cõe ie se
roie. Les oreilles no⁹ sõt baillees pour escouter parler les
vngz et les autres en bõnes parolles et pour soupr ses lis
cup ou sē opt mauuaises parolles. Jtē ilz no⁹ sõt baillees
pour escouter le seruice diuī deuoteřnt pour escouter les ser
mõs ses pdicatiõs et bõs enseignemēs du cure ou chapelal
ou des bõs clercz. Pour escouter ses correctiõs et enseigne-
mēs quõ peut bailler en cõfessioŋ et ailleurs. Ceulx võt a
lécõtre qui escoutēt vaines parolles faulsetez mēsõgeschã
sõs deshõnestes reup de bateaux dire mal dautrup. Ceulx
qui p prēnēt plaisir et se delectēt a les oupr pechēt. Le tirc
sēs de nature cest le nez par leql oŋ fait adorēřnt cest ad.re
sētir. Et a ce ppos dit psale au.iii.chapitre de soŋ liure Au
feret dr̄s i illa d̄ie olfactoria et p suaui odore setorē geßen
ne.ꝛc. Le nez no⁹ est donne pour sētir les choses mõdaines
selõ nature sās en faire excez q̃ viēne iusq̃s a lefect de pe-
che Ceulx en sõt peche qui ont mauuais cueur de sētir ma
les ifectiõs et autres puceurs q̃ aduiēnēt aux poures de dieu
ou aux malades de paour de sētir aucūe mauuaise odeur.
Car n̄re corps nest põt pl⁹ priuilegie q̃ ceulx des poures
ou des malades. Et aussi ceulx qui se delectēt trop a sētir
les vins viādes espisses aromatizãtes et telles vanitez mõ
daines ceulx qui se delectēt a sētir fleurs ou a les donner
aux fēmes ou les fēmes aux hõmes par quop souuēt pe
che est qsūme et fait car de toute sa douceur desherbes et des
fleurs la louēge eŋ doit estre dõnee adicu q̃ les a faictes et
hõ pas estre cause ou cõmēcemēt daucū peche Le quart sēs
de nature est la bouche. Je treuue p la bouche.ii.manieres
te peche cestassauoir le peche de goust et le peche de sa lague

Le peche du goust est quãt on se dele.te trop en boire ꞇ en
mãger ou quãt on desire bõnes viãdes ou q̃ len est trop ex-
cessif ou prẽdre goust a chãger diuerses viãdes ou quãt au
cũ laisse a faire du biẽ pour la secherie de q̃rir delicieux moꝛ
seaux ꞇ plusieurs autres pechez cõe tu pourras ouyꝛ quãt
te parleray du peche de gloutõnie. Le peche de la lãgue est
en plusieurs choses selõ la diuersite des pſõnes.　Le pꝛe
mier est en parolles vaines ꞇ opſiues Et a ce ꝓpos dit sait
augustiñ. De oĩ verbo actoso reddituri sum⁹ deo rationẽ ĩ
die iudicii.　Le secõd peche de la lãgue est en parolles vi-
laines ꞇ deshõnestes q̃ plusieurs hommes diẽt aux fẽmes
pour les tourner a peche ou les fẽmes aux hõmes ou les
hõ.nes les vngz aux autres pour eulx entremouuoir ꞇ me
ner a peche　Le tiers peche est en faulses parolles mẽson
ges iures ꞇ vilẽnies dictes ꞇ ꝓferees a autruy　Le quart
peche est de iurer le nõ de dieu en vain de sa benoiste mere/
ou de ses saictz ꞇ saictes de paradis.iurer les mẽbꝛes de dieu
ou ses vt⁹ ou ses creatures ꞇ plusieurs autres blaphemes
　Le quint peche de la lãgue est en moqueries dictes ꞇ ꝓ
ferees sur autruy　Le sizieme peche est en reproches ꞇ vi-
lẽnies dictes sur lestat dautruy par mauuaise voulẽte.ces
gẽs icy ne doiuẽt poit estre absoulz silz ne se desdiẽt ꞇ des-
mẽtẽt solẽnellemt de telz reproches deuãt ceulx quilz ont
de tracte par leurs parolles ꞇ deuant ceulx a qui ilz lont
dit Et si ne le veulẽt faire:ilz sõt a rẽuoir au souuerain.Et
pluſieurs autres maulx q̃ viẽnẽt de lãgue.car toute parol
le ou lẽ peut offẽser dieu ou sõ ꝓchain est peche ꞇ se doit on
ꝯfesser. Car la bouche no⁹ est dõnee pour dire tousiours bõ
nes parolles ꞇ pour repꝛẽdre ceulx q̃ les diẽt mauuaises.

Pour seruir dieu ⁊ dire ce q̃ no⁹ sauõs de bɩẽ chacũ eɲ sa vo
cacɩõ.pour reprẽdɩe les pecheurs.pour enseigner les ɩgno
rãs. pour recõforter les descõfortez.pour saluer hũblemẽt
les vngz ⁊ les autres.pour aprẽdɩe le bɩẽ auɲ poures ⁊ a
ceulɲ q̃ ne se saluẽt pas ⁊ pour soustenɩr la loy de dɩeu de
uãt to⁹. Et ceulɲ q̃ au õtraɩre de cecy sõt pechẽt ⁊ sẽ doɩuẽt
cõfesser. Le cinquieme sẽs de nature cest latouchemt. les au
tres quatre deuãt dictz sont eɲ la teste de lhõe ⁊ de la fẽme
maɩs cestuy est p tout le corps ⁊ p especɩal ce sõt les pɩez et
les maɩs. On pecche des maɩs par faulɲ atouchemẽs ⁊ des
hõnestes q̃ ce peuent faɩre sur hõe ⁊ sur fẽme.p ferɩr fraper
ou meurdɩr les vngz les autres.par prẽdɩe les bɩẽs dau~
truy sãs le cõgie ⁊ lɩcẽce de ceulɲ a q̃ ɩlz sõt Par se coɩtɩr/pa
rer/pɩgner/⁊ myrer pour pl⁹ plaɩre au mõde q̃ a dɩeu.par
toucher auɲ choses sacrees sɩl nest oɩdõne du plat a cela.⁊
plusɩeurs autres grãs maulɲ q̃ sẽ peut faɩre a chacũ me~
stɩer p faulte de le faɩre pfɩtablemẽt cõe oɲ doɩt. On peult
pecher p les pɩez p ce quõ ne va pas dɩlɩgẽmẽt a leglɩse.ou
pource q̃ oɲ ne trauaɩlle pas sõ corps pour aller auɲ voya
ges ⁊ pelerɩages auɲ pdõs ⁊ autes lɩeuɲ de deuocɩõ.ou quãt
oɲ ne va vɩsɩter les malades ne vɩsɩter les poures prɩsõnɩ~
ers pour leur porter leurs necessɩtez.Ou quãt oɲ trauaɩlle
le corps pl⁹a la chose mõdaɩne q̃ a la chose spũele.ou quãt
oɲ va a leglɩse ou eɲ aucũ lɩeu saɩt pl⁹pour pler de la tpa~
lɩte q̃ de pẽser a la saluacɩõ de sõ ame.ou quãt les hõmes y
võt pour veoɩr les fẽmes ⁊ les fẽmes les hões. Les maɩs
no⁹ sõt dõnees pour les toɩdɩe vs le cɩel a dɩeu nũe createur
eɲ luɩ reqrãt mercy ⁊ pdõ de noz pecchez.Pour eɲ coucher ⁊
leuer les maladez ⁊ aussɩ leur baɩller leursnecessɩtez sɩl est

eŋ la puiſſãce. Et pour labourer ꝶ gaigner ſa vie chacũ ſe
lõ ce de quoy il doit ſeruir Pour corriger ſes enfãs ou ceup
ꝗ ſõt eŋ la correctiõ de ſup. Et pour deptir de ce ꝗ dieu leur
a dõne a ceulp ꝗ eŋ aurõt neceſſite. Les piez no⁹ ſõt dõnez
pour aller a legliſe es voyages ꝶ pelerinages aup ſermõs
ꝶ predicatiõs pour aller viſiter les malades ꝶ auſſi les pri
ſõniers pour leur porter leurs neceſſitez. pour foupr les li
eup ꝶ les places ou leŋ fait pẽche Ce ſõt les choſes de quoy
les piez ꝶ les mains doiuẽt ſeruir au mõde Et ꝗ es autres
oeuures illicites ꝶ nõ cõuenables les fait ſeruir: il peche, ꝶ
pource le bõ ꝗfeſſeur doit biẽ regarder enꝗrir ꝶ ſauoir ſe le
penitẽt a gueres delinꝗ eŋ ſes cinq ſẽs de nature: ꝶ ſelõ la
pſõne ꝗ ceſt le doit enꝗrir pl⁹ ou moins ſelõ la capacite et
intelligẽce du penitẽt, ꝶ auſſi la ꝗtriciõ ꝶ deſplaiſance ꝗl a
de ſes pechez. Car quãt aucũ eſt biẽ cõtrit ꝶ repentãt de ſes
defaultes il le fault mols enꝗrir ꝗ celup ꝗ eſt dur ꝶ na poit
de deuociõ ne de cõtriciõ ſelõ les diuerſitez des gẽs Dela
le texte des cinq ſens de nature.

Des ſept pechez mortelz. Et premieremẽt dorgueil viii.

p Dur venir aup ꝓpres chapitres des pechez mortelz
  ieŋ treuue ſept principaulp auec ſes racintis brãcħes
circũſtãces ꝶ depẽdẽces diceup. Le ꝑmier peche eſt orgueil.
Si eſt aſſauoir ꝗ ceſt ꝗ orgueil Dñ ſupbia ſcõz augu. Eſt
puerſe celſitudis appetit⁹. Ceſt adire ꝗ orgueil neſt autre
choſe ſi nõ voulẽte deſordõnee ꝶ appetit de haulteſſe ꝶ louẽ
ge mõdaine pl⁹ ꝗ a ſoy napprtiẽt. Car toute haulteſſe tout
hõneur ꝶ puiſſãce doit eſtre attribue au createur ꝶ noŋ pas
aup creatures. Et toute creature raiſõnable ꝗ de ſoy cuide
auoir cecp: peche par le peche dorgueil. Je treuue deup ma

nieres dorgueil   La premiere est orgueil q̃ pcede de dedẽs
la creature   La secõde est celle q̃ pcede du dehors. Pour ve
nir a la pmiere maniere q̃ pcede de dedẽs. Je treuue quatre
maulx ou pechez. Le premier est quãt il cuide auoir le biẽ
lhõneur ou la puissãce q̃l a de soy mesmes a nõ pas dau
truy cõe de dieu. Le secõd si est pose q̃ to⁹ biẽs soiẽt eṇ luy a
q̃l les ait ou face de la puissãce de dieu si luy est il aduis q̃
dieu les luy dõne ou enuoye pour ses merites a q̃l ne luy eṇ
dõne pas ẽcore tãt cõe il deust. Le tiers est quãt aucũ se vã
te auoir la puissãce ou sciẽce ou aues choses q̃l na pas. Du
quãt il se vãte de sõ peche ou de ses fais de sa iẽnesse. Le q̃rt
est quãt aucũ est si obstine ou pertinax eṇ sõ oppiniõ q̃ au
cũ ne le peut valere a cuide mieulx faire ou mieulx valoir
q̃ to⁹ les autres. Ce sõt les quatre pechez q̃ pcedẽt du dedẽs
de lorgueilleux   La secõde maniere dorgueil q̃ pcede du
dehors de la creature a huyt maulx ou pechez. Le premier
est quãt la psõne seṇ orgueillist pour sa beaulte ou habili
te de corps. ou pour sa force a autres choses corporelles Le
secõd est quãt il senorgueillist pour ses beaulx vestemens
abillemẽs a ornemẽs precieux. Le tiers est quãt on senor
gueillist pour sa fẽme/ses enfãs/ou pour la multitude de
ses seruãs Le quart est quãt il seorgueillist pour ses beaux
cheueulx a pour lornemẽt q̃ est dessus pour la multitude
de ses bestes/a autres choses mõdaines Le cinq̃eme est quãt
il seorgueillist pour les grãs vins a viãdes dõt il vse chacũ
iour. a de ce q̃l cõuie les riches a disner auec luy plustost q̃
les autres poures de dieu. Le sizieme est quãt il seorgueil
list eṇ la beaute a delectaciõ a multitude de ses grãs ediffi
ces. Le vii. est quãt il seorgueillist pour sõ beau polp orne

& rhetorical parler. ou pour ses belles manieres & lui sẽble q̃ aucũ ne sauroit si bien dire ou faire cõe luy Le septiesme est quãt il senorgueillist pour sõ beau & melodieux chãt sa belle voix ses doulx instrumẽs dõt il sceit si biẽ iouer Et a lẽcõtre de ces orgueilleux icy dit sait luc en son xvii chapitre. Cũ oia bñ feceritis dicite serui inutiles sum⁹. Se tu me demãdes dont est cause le peche dorgueil affin q̃ tu puisses mieulx euiter icelluy & ta cõsciẽce en purger ie te diray toutes les manieres & racines dõt ledit peche dorgueil est cause La premiere maniere ou racine est aucũ fois causee par la grãt abũdãce des richesses puissãces & fortunes mõdaines La secõde est aucũefois causee soubz lõbre de pourete volũtaire cõe sõt les ypocrites q̃ sõt sẽblãt destre bõs deuant les gẽs / & quãt on dit q̃lz sõt bõs ilz sen orgueillissẽt. Et se on leur faisoit q̃lq̃ desplaisir ilz sen enfleroiẽt cõe crapaux. et aussi cõe les mauuais religieux qui ne veulẽt poĩt obeir a leurs prelatz. ou cõe les poures mẽdiẽs car tel quiert la vie par les huys q̃ aucũefois est pl⁹ orgueilleux q̃ tel a cẽt liures de rẽte Et pource est il bõ au cõfesseur de sauoir cognoistre to⁹ estatz affin de sẽ porter mieulx sur le fait de cõfession. La tierce maniere ou racie si est q̃ aucũefois orgueil est cause en ceulx q̃ sõt aucũes ieunes ou autres biẽs cõe no⁹ auõs dit du pharisiẽ. luce xviii. Ieiuno bis i sabbato / decimas do oim̃ &c. La quarte maniere est q̃ orgueil est aucũefois soubz le mãteau de humilite. car moult en ya q̃ se humiliẽt affin q̃lz soiẽt reputez hũbles & q̃lz soiẽt honorez au mõde. & en ce faisãt ilz sen orgueillissẽt . Et de ceulx cy dit mõsieur sait gregoire. Mirabile est q̃ supbia ex suo cõtrario nascit̃ scz humilitate. La cinquiesme maniere ou racine

dõt orgueil est cause cest soubz la victoire des pechez quant
aucūs senorgueillisset quãt ilz voyẽt q̃lz ne sõt pas esprise
de grãs pechez cõe ceulx q̃lz voiẽt/ou q̃ le peuple dit quilz
sõt gẽs de biẽ a q̃lz ne sõt point de peche. a pour ce bõ les le
peche dorgueil ẽtre eñ eulx. La sizieme racine dõt orgueil
est cause si est par les dignitez a haultessee ou sē entie. car
plusieurs ont este veuz q̃ quãt ilz estoiẽt eñ simple estat ou
sãs richesses ilz estoiẽt doulx hũbles a bõnaires a toutes
gẽs: mais quãt les dignitez a haultesses leur venoiẽt ilz
estoiẽt orgueilleux cõe liõs. La septieme maniere ou raci-
ne dõt procede orgueil si est aucunefois par oqtẽnemẽt du mõ
de quãt aucũ laisse ses hõneurs biẽs a possessiõs pour ser-
uir a dieu. a puis de la renõmee du mõde on pse cest le meil
leur/il est ainsi/il est tout dõne a dieu/a autres telles parol
les dõt vaine gloire le surpriẽt a orgueil. La huptieme ma-
niere a racine dõt orgueil est cause est de la mauuaise vou
lẽte q̃ sencline a celle mauuaise pfectiõ Et cestuy est le pl9
mauuais a dãgereux orgueil q̃ soit quãt il procede de lesprit
sãs ce q̃ nulle des choses dessufdictes eñ soit cause. Ce sont
les racines cõe orgueil se cause es creatures de to9 estatz a
voracibs. Itẽ selon ce q̃ dit mõsieur sait benard il ya encor
trois racines dorgueil.   La premiere est quãt aucũ a des
biẽs richesses a puissãces assez a eñ tel estat desprise a cõtẽ
ne les autres q̃ sõt pl9 grãs que soy/a qui sont egaulx / et
qui sont mẽdres d̃e soy   La seconde racine si est quãt aucũ
se repute pl9 riche/pl9 puissãt/pl9 noble ou meilleur clerc
samoure ou pl9 quil nest   La tierce si est quãt il ne scait
a si ne peut auoir aucune paciẽce quãt on se reprent de ses
faultes ou de ses sotises ou autres telles choses. a pourriẽt

Du peche dorgueil.

est ce q̃ on dit Bouletiers en cõmun lãgaige q̃ de mauuaise
souche ꝗ de mauuaises racines vienēt Bouletiers mauuai
ses Brāches ꝗ rameaulx. Dɪ veulx ɪe parler des brāches de
la mauuaise souche dorgueil ꝓcedātes   La premiere brā
che dorgueil est cõtēnemēt ꝗ despꝛisemēt de dieu ꝗ des gmā
demēs de seglise. car lorgueilleux ne craint ne apme dieu
ꝗ ne se repute poit a lup estre subiect ne a autruy.   La se
cõde est presũption. Cest quāt aucũ se pꝛise trop ꝗ despꝛise
les autres/ou cuide de soy valoir en sciēce ou en bõte pl⁹ q̃
les autres   La tierce est vaine gloire. Cest quāt la pꝛsõne
se glorifie trop de ce q̃l a/ou quāt il se loue de soy mesmes.
Et thobie dit Laus en oꝛe ꝓpꝛio sordescit/ou quāt il se glo
rifie des biēs tēpoꝛelz cõe sõt les biēs de fortune. cestassa
uoir richesses/hõneurs/estatz mõdains/vestemēs pꝛcieux/
possessiõs ꝗ autres telles choses. Es biēs de nature cõme
beaute/ɪenesse/force/habilite/souplesse de corps/ꝗ autres
biēs tēpoꝛelz de nature. Es biēs de nature espꝛituelz cõe sēs
sciēce/engin/pꝛudēce/memoire/subtilite. Es biēs de grace
cõe bõte/saictete/renõmee/estre apme de to⁹ ꝗ par tout biē
venu ꝗ autres choses q̃ viēnēt de grace diuine. To⁹ ceulx
qui en telles choses se glorifiēt pechēt . Et a ce ꝓpos dit le
psalmiste. Nõ nobis dñe nõ nobis: sed noï tuo da gloꝛiam

    La q̃rte brāche dorgueil est vātāce. car les orgueilleux
se vātēt Bolētiers de ce q̃lz ont ꝗ de ce q̃lz nõt pas. Et q̃ pire
est ilz se vātēt de leurs pechez presētemēt fais ou a faire. ꝗ
ceste vātāce fait le peche doubler ꝗ estre pl⁹ grief.   La v.
Branche est desirer estre loue des autres . car lorgueilleux
se baigne quant il opt vng flateur ou autres gēs q̃ bien le
louēt.   La sixieme brāche dorgueil est ypocrisie cest quāt

ueil fait omosnes/ieunes/ oraisõs autres choses deuotes
pour estre loue du mõde/ou quãt il mõstre deuãt les gens
estre de meilleure vie τ meilleure cõuersaciõ q̃l nest en sa cõ
sciece. Et de cecy no⁹ auõs.math. vii. Amẽ dico vobis rece
peuilt mercedẽ suã.τc   La septieme brãche est igratitude:
cest quãt lẽ ne cõgnoist bie lhõneur le plaisir le seruice τ le
bie q̃ on a fait a celuy:car lorgueilleux de sa nature on ne
luy saura tãt de bie faire q̃l ne luy soit aduis q̃ on est tenu
luy en faire pl⁹ lamoitie/τ de tout le bie q̃ on luy fera il nẽ
scara ia gre.   La huptieme brãche est ãbiciõ cest quãt au
cũ veult mõter plus hault q̃l ne doit ou par offices ou par
grãs bñfices.τ lui est aduis q̃ aucũ ne doit auoir nul bie q̃
luy. Ce sõt les hupt prĩcipalles branches dorgueil cõbie q̃
on y en pourroit trouuer plusieurs autres q̃ seroiẽt lõgues
a racõter. Et pource le penitẽt aduise soy bie quãt il se con
fessera esq̃lz pas de ce peche dorgueil τ esq̃lles brãches il a
pcche τ de ce se doit cõfesser deuoteml̃t. Aussi le bõ τ loyal cõ
fesseur doit bie diligẽml̃t auiser τ enq̃rir le penitẽt au re
gard de ce peche en quoy il a failly ou en tout ou en ptie Et
selõ ce q̃l sera trouue defaillãt le doit benigneml̃t ramener
a bope dhumilite τ de sauueml̃t. τ luy doit remõstrer les re
medes q̃ sõt cõtre orgueil:cest humilite τ essẽce de grãdeur
a petitesse pour le pmier remede. Le secõd si est soy mucer τ
tenir a lostel de paour de veoir les vanitez du mõde Le tiers
si est la cõsideraciõ des peines denfer q̃ sõt appareillees pour
les orgueilleux:cõe no⁹ auõs du mauuais riche τ de plu
sieurs autres. Le quart si est cõsiderer q̃ cest q̃ ceste vie mon
daine τ q̃ cest q̃ nre poure corps. Le v.est consideraciõ des
ioyes de paradis q̃ sõt appareillees aux hũbles Le sizieme

est cõsiderer la grãt d. spsaisãce q̃ dieu a du peche dorgueil
car par se peche dorgueil fist t ebucher les mauuais ãges
du hault paradis au pl9 bas dëfer. Le septieme remede est
q̃ tout honeur ꝗ la reuerēce q̃ on fait a la psonne il la doit
attribuer a dieu ꝗ nõ pas a lup. Ce sõt les remedes q̃ sont
contre le peche dorgueil. Tu peuʒ veoir le texte de ce liure
au regard du peche dorgueil ou il dit. Nũꝗ sis inflat9 ver
bis nec corde supbus. Nõ sis elat9 factis si vis fore gratus

Du peche denuie.   pliii

Ce secõd peche mortel selõ sait augustin cest enuie q̃
est ainsi diffinie. Inuidia est odiũ felicitatis aliene ꝗ
tristicia de alienis bonis. Cest adire q̃ ēuie est auoir ducil ꝗ
desplaisãce de la felicite psperite ꝗ auãcemēt dautruy ꝗ es-
tre biē ropeuʒ du mal ꝗ de la pte ou male fortũe dautruy.
Cest vng peche maudit ꝗ mauuais q̃ iamais ne peut trou
uer excusariõ. car il viēt de la mauuaise voulēte du cueur
ꝗ de lame. cest vng peche espuel ꝗ cõtre le sait espit cõe iap
dit deuãt.   Ie treuue cinq racines en la souche dēuie/par
lesꝗlles icelup peche se gēdre ꝗ cõsũme en la psonne q̃ leur
dõne sieu   La premiere racine dēuie est hayne ꝗ mauuai
se voulēte les vngz cõtre les autres. Et par ceste hayne ne
se daignēt etresaluer/ꝗ diēt le pl9 de mal quilz peuent les
vngz des autres. ꝗ sont biē marris du biē lun de lautre.ꝗ
biē ropeuʒ du mal. Et par cecp est consũme le peche dēuie.

    La secõde racine est iniure car par mauuaise voulēte ilz
sētrediēt le pl9 de mal ꝗlz peuēt lii de lautre ou en prāce ou
en abscēce. Et de celles iniures naist ꝗ fourt le peche dēuie.

    Cõtre ceulp cy pse mõsieur sait pierre disãt Nõ debetis red
dere malũ p malo nec maledictũ p maledicto.ꝗc. La tierce

racine est mauuaiste a malice de cueur a de couraige. Et
est la pire racie a la plusforte a desraciner a a oster du cou∕
rage. Cest quat aucun met son mauuais couraige sur au∕
cu pource ql est pl⁹ sage ou mieulx apme ou prise ou pl⁹
entrat auec ges de bie q sup/a du mauuais couraige ql en
a biet se maudit peche denuie. La quarte racine denuie prcede
aucunesois du peche dauarice a de couuoitise: car aucun a
enuie sur autruy pour auoir se sien ou ql desire sa mort ou
destructio du corps pour auoir ses bies a possessios a busi∕
ces La quite racine est a aucuesois prcede du peche dorgueil
car lorgue l eux est desplaisat a marry/hayneux a enuieux
quat il Voit aucu q a du bie coe sup. car il Voulsist tout do∕
miner. Et de ce auos figure en sa bible de absalon: car par
son grat orgueil il prit telle enuie sur son pere dauid q estoit
rop ql le guerropa a psecuta iusqs a sa mort pour cuider es∕
tre rop du ropaume. Ce sot les cinq racines coe enuie estrau∕
see en la creature de ql'q estat ql se soit. Et de ceste mauuai∕
se souche denuie a de ses detestables racines psset plusieurs
mauuaises braches. La premiere brache denuie est murmu∕
racio quat aucu murmure a a desplaisace en sa mauuaise
Voulete du bie a de lhoneur dautruy. car iamais bien nest
fait au plaisir a au gre de lenuieux sil nest fait a soy mes∕
mes ql ne murmure a en soit desplaisat. La scde brache est
tristesse a marrissemt/car lenuieux est tousiours tr sie dolet
a marry de tout le bie ql Voit aduenir a autruy Et a ce pro∕
pos no⁹auos exeple dun roy q auoit deux seruiteurs en sa
maiso dot su estoit si enuieux q pl⁹ nen pouoit/a lautre es∕
toit auaricieux   Le rop Voulsat esprouuer sql des deux
pechez estoit pl⁹ mauuais seur fist dire qlz ne demourroiet

pl⁹ eñ ſa maiſõ.maie pour les bõs ſeruices q̊l͛z luy auoiēt
faitz il leur dõnoit ẘng dõ par teſle maniere q̃ celuy qui
premier req̊rroit ſi auroit ſa requeſte:par aĩſi q̊lle fuſt lici
te ꝗ hõneſte. Et le ſecõd aura au double du premier ceſt adi
re pl⁹ ſa moitie Et ẘindrēt deuãt le rop au iour q̊l͛z deuoiēt
faire leur req̃ſte. Et leur dit le rop. Sus mes enfãs demã
dez ẘoſtre demãde ꝗ ieẘo⁹ loctroirap. Et lēuieup ſe pēſa ꝗe
ne le demãderap pas le p̃mier/car mõ cõpaignõ auroit ſa
moitie pl⁹ q̃ ie nauroie.ꝗ de ce ie creueroie de dueil:car iap
auſſi lopaumēt ſerui le rop cõe luy. Et lauariciⱥup ſe pen
ſa q̊l ne demãderoit pas le p̃mier. car ſil demãdoit le p̃mier
il nauroit pas tãt de ſa moitie cõe lautre.ꝗ ainſi ſe tindrēt
deuãt le rop ſãs dire riē. Adõc le rop leur dit. Ie ẘop bien ꝗ
ẘo⁹ couuottez to⁹ deup a auoir la pluſgrãt partie.Diē ea
dit il a lēuieup.tu es le pl⁹ biel ꝗ le pl⁹ aage ie te cõmãde
ꝗ tu faces la premiere req̃ſte.car tu dois eſtre le pl⁹ prudēt
ꝗ le pl⁹ ſage pour biē req̃rir ſagemēt.Quãt lēuieup ẘit q̊l
failloit q̊l requiſt le p̃mier par grãt ēuie ſe pēſa quil ne re
querroit ne or ne argēt affiⁿ ꝗ lautre niē euſt la moitie pl⁹
ꝗ luy:maⱥ diſt au rop. Sire pour les bõs ſeruices ꝗ ieẘo⁹
ap faitz le tēps de maẘie ꝗ de ma iēneſſe ieẘo⁹ requier que
ẘous me facez creuer le ſeneſtre oeil/ou couper le pie ou le
poig deſtre.ꝗ autre choſe neẘo⁹ requier.Quãt le rop ẘit ſm
iuſte req̃ſte de lēuieup il cõgneut ꝗ iuga que le pec̆e de lē
uieup eſtoit pl⁹ mauuaⱥ ꝗ celui de lauariciⱥup.ꝗ les papa
lopaumēt de leurs ſeruices ꝗ les enuopa ſãs leur faire nul
mal. Ainſi pouez ẘo⁹ ẘeoir par ceſt cẙēple la grãt mauuai
ſtie du pec̆e dēuie car lēuieup eſtoit cõtent ꝗ oñ lui creuaſt
ẘng oeil affiⁿ ꝗ ſoñ cõpaignoñ euſt les deup peuⱥ creuez.

Du pesche deuuie.

Cest au ppos de la secõde brãche dẽuie q̃ est courrout ⁊ mar
tissemẽt du biẽ dauttruy. La tierce brãche est detractiõ laq̃l
le se cõmet quãt on dit mal dauttruy ⁊ cõtre la bõne renom
mee dauttruy ou quãt on dit ⁊ multiplie lẽ aucũ mal q̃ on
oit dire sur auttruy/ou quãt on gtreuue aucũ mal ou pesche
sur auttruy ou quãt on est marry de oupr dire aucũ biẽ dau
truy ⁊ le destourner en sa puissãce/ou quãt on conuertist le
biẽ dauttruy en mal par mauuaises ⁊ enuieuses parolles.
La quarte brãche dẽuie est discorde cest quãt lẽuieux seme
discord être freres ou être gẽs q̃ sẽtraimẽt ou quãt on sou
stiẽt le discord q̃ les autres ont seme. La quite brãche est ac
cusaciõ cest q̃t aucũ accuse a tort ⁊ sãs cause auttruy dau
cũ pesche ou daucũ cas.cõe firẽt les iuifz de nře seigũr iesu
crist. La sizieme brãche est substractiõ. cest quãt aucũ se sou
strait de hãter ou de biẽ faire a aucũ par ẽuie/ou quãt il le
doit en aucũ besoicg⁊ luy aideroit biẽ sil Boulort⁊ ne le fait
mie dẽuie q̃l a sur luy:⁊ a grãt tope q̃l est cheu en necessite.
La septieme brãche est pdiciõ.cest quãt aucũ fait Belle chie
re par deuãt ⁊ il traist ⁊ diffame par derriere/ou q̃t aucun
dõne mauuais cõseil a auttruy de faire aucũ mal affin q̃l
soit Bitupere ⁊ diffame ⁊ q̃ chiesse es las du mõde ⁊ de pesche
Ce sõt les sept brãches dẽuie Et pour ce le penitẽt doit biẽ
regarder sil a point Bse de telz termes.⁊ se il en a Bse il sen
doit deuotemẽt cõfesser ⁊ faire satiffaciõ. Et aussi le bõ cõ
fesseur doit biẽ subtilement enq̃rir de cestuy pesche.car il est
espuel ⁊ souBtil.⁊ doit biẽ regarder la racle dõt le pesche est
pssu quãt le penitẽt se confesse.car il ny a gueres de gẽs q̃
prchẽt en ẽuie q̃ ne pechẽt es peschez q̃ sõt cõtre le sait espit.
Le pmier remede q̃ le cõfesseur doit Bailler contre le pesche

demuie/cest auoir amour a delectacio a toute creature.Le se
cod est aymer le bie a auacemet dautruy coe le sie ppremt
Le tiers est tenir tousiours sa osciece en estat de grace pour
oster la mauuaistie du corps a du couraige. Le quart si est
de priser sa ppre excellece a mauuaise Boulete.Le cinquie
me est auoir cosideracio de grat mal especel q cest q se pesche
deuie.Le sizieme est cosiderer la grat desplaisace quo fait a
dieu.Le septieme a derraiy remede est auoir cognoisace du
iugemet de dieu a q nul mal ne demourra ipugny.Ce sot
les remedes q le ofesseur doit remostrer au penitet cotre le
pesche deuie.Decy le texte.Inuidia fugito bona fratris sp
amato.Na liuor fictu corp facit a cor iniquu Lexpon est
telle q se doit supr le pesche deuie a doit on tousioursaymer
les bies lhoneur a lauacemet de son frere ypien.Car celui
q est euicuy fait so ame a so corps abhominable deuat dieu
Du pesche de ire.

C   Et tiers pesche mortel est le pesche de ire.Dn scom bea
tu augustinu.Ira est Blascedi cupido.Et cassi odo-
rus ait.Ira est motus animi cocitatus ad pena.Cest adui
re q ire est Bng pesche desordone deuat dieu seql se Beult Ben
ger de chacuy default q on supr fait.Et to ceulx a celles q
par pesche se gouuernet sot a mettre es peines pardurables

Je treuue trois manieres de ire.La premiere est bone q
se fait a cause de bie car se no nous aymos no aymctos
la saluacio de noz ames a deuos estre ireux a desplaisans
quat no comettos aucu pesche.Ite quat no Boyos nostre
pchain qui neBa pas la Boye de saluacio no en deuos es-
tre ireux a desplaisas.Et a ce ppos dit le psalmiste.Ira-
scimini a nolite peccare.La seode est ira per zelu.Cest ire

Du pechie de ire.

de vēgance quāt aucū est biē matry a desplaisant q̈l ne se
peut vēger a son gre de celuy q̓ luy a fait desplaisir:ou q̈t
il essape en toute sa puissāce de sen cuider vēger/ou par cui
der batre ou tuer son ēnemy a plusieurs autres manieres
de vēgance. La tierce est ira per vicium. C'est adire par peche
quāt aucū de sa ppre motion a mauuaise voulēte est touss
iours enclin en peche de ire. Jtē ire par peche est diuisee en
deuy manieres. La pmiere est ire trāsitoire.quāt aucū de se
gier se ire a courrouce a aussi de legier il sappaise. Lautre
si est ira inuȝerata.c'est adire ire enuieillie sacȝlle se gaide lō
guemēt auec sa creature iusqȝ a ce q̓ puisse estre vēge Et ce
ste cy est la pire de toutes les autres. Je treuue cinq manie
res de racies en ceste souche de ire par lesqlles le peche de ire
segēdre a cōsūme es creatures. La premiere racine est trou
blemēt de pēsee quāt aucū se trouble en la pēsee tellemēt
q̈l deuiēt triste a dolēt a ne peut faire ses choses a son gre.
La secōde est hastiuete quāt aucū est si hastif en son cucur
q̈l ne peut cōsiderer la chose pour quoy il se ire a courrouce
tāt q̓ se peche soit qsūme La tie. ce est mauuais lāgage.car
par mauuais lāgages viēnēt plusieurs ires courroup et
martissemēs entre les gēs. La quarte racine est faulte de
charite de beniuolēce:car qui sētreapmeroit charitablemēt
cōe la loy le qmāde on ne se courrouceroit poit ensēble par
ire qui tournast a peche mortel. La qnite racine est les nu
iures a villanies quon sētredit par quoy plusieurs ires viē
nēt. Ce sont les racines dōt peut estre cause se peche de ire.
Et pour pceder oustre conuient il monstrer les brāches de
cestuy peche. La premiere brāche est vengāce ou voulente
desordōnee de se vēger des messaisquā a faitz a soy ou auy

fiens. Et cefte vegãce peut eftre ꝫprilfe en plufieurs manie
res La ꝑmiere eft quãt aucũ fe vẽge par guerre. cõe ceulꝫ
ꝗ par ire fẽtre deffiẽt ou meinẽt guerre lũ a lautre. La fe
cõde eft par feu quãt aucũ boute le feu en la maifõ de fõ en
nemy pour foy vẽger. La tierce eft par meurdꝛe pour auoir
vẽgãce lũ de lautre. Ou quãt on fẽtrenaure ou frape ou
bleffe trop duremẽt par vẽgance de ire. La quarte fi eft par
vꝛꝑaciõs ꞇ trauaulꝫ quãt on fe trauaille ꝑ adiournemens
ꞇ citaciõs par eꝑcõmunicaciõs ꞇ autres vẽganæes ficõe dit
lapoftre ad galatas. B. Dꝑa carnis inimicie fũt cõtẽtiões /
emulatiões / ire / ryꝑe / diffẽtiões / ꞇ homicidia.   La fecõde
bꝛãche de ire fi eft hayne. ceft quãt aucũ hait lautre ꝓutce
ꝗl ne fen peut pas vẽger a fa guife ꞇ a fa voulẽte ꞇ garde
fon cueur en hayne tãt ꝗl ait trouue maniere de fe punir de
coꝛps ꞇ de biẽs   La tierce bꝛãche fi eft en noifesꝫiuures ꞇ tẽ
ços dictes en prīce de fõ hayneur ou en fõ abfẽce   La ꝗrte
fi eft iꝑaciẽce quãt le courage eft maiftre de la creature ꞇ ꝗl
ne cõfidere pas ce ꝗl doit dire en fõ ire   La quīte bꝛãche eft
idignaciõ quãt il eft fi defdaigneuꝫ ꝗl ne daigne faluer ne
ꝑler a fon hayneur   La fizieme bꝛãche eft blaphẽie quãt
aucũ par ire blaphẽme le nõ de dieu ou fe iure ou fe regnie
ou fe defpite ou malgree   La feptieme eft defdaing quãt
aucũ ne daigne pardõner lure ꞇ fe courroult ꝗ eft ẽtre lup ꞇ
celup ꝗ demãde pardõ. Ce fõt les bꝛãches du peche dire. Et
poutce le penitẽt doit biẽ regarder en fa ꝯfciẽce les defaulꝫ
ꝗl a peu faire en ce peche es racines ꞇ bꝛãches qui en defcẽ
dẽt ꞇ fe cõfeffer deuotemẽt. Et le bõ cõfeffeur lup doit rame
ner toꝰ les poītz de ce peche en memoire affin de cõfeffer les
defaultes ou il fe trouuera charge. toutefois de meurdꝛe de

douter feu/z de tout blaspheme il ne len doit poit abfouldie
ains fe doit reuoper au fouuerain ou a celuy q eft ,o comite
    Les remedes q le confeffeur doit encharger au penitent
cotre ce peche de ire fot   Le premier eft doulcemt refpodre
a toutes gez z par efpecial en ire   Le fecod eft confideracio
de nre feignr iefucrift q pardona au bo larron z a ceulx q
le crucifieret.   Le tiers eft fe taire ou fuyr les lieux z fes
occafios dire   Le quart eft confiderer q peut valoir telle nofe
fe ne telle tefou   Le cinquieme eft confiderer le pfit q peut
auoir le vray pacient quat a fa faluacio pfit z vtilite de fon
ame   Le fizieme eft confiderer leftat de iceluy q veult iniuri
er fa pfone. Car fil eft home de bie il ne fera ia rie z par co
fequet ceft folie deporter ire ne de refpodre a vng fol.   Le
feptieme ceft pefer fequl a tort des deux.   Le huptieme eft
requrir pardo a dieu z lun a lautre   Le neufuieme ceft con
derer nre vie. Car no⁹ nauos poit de demain. Se no⁹ ne re
queros anuyt pardo z faifos nre accord:no⁹ne fauos fe de
main no⁹ auros loifir de le faire. Si eft bo q chacu y aduir
fe. Dela lexpoficion de ce pnt chapitre. Ira cor accendit z p
nos ad mala tedit Cur bn frenct rationi ne dnet. Lexpon
eft telle q ire allume z efmeut le cueur de ceulx q la tienet
auec eulx z les fait promptz z diligens de faire plufieurs
maulx. Et dont fait il pour quoy neft bie refrait le peche en
home z en feme:affin ql ne domine la raifon du corps z de
lame.   Du peche dauarice.   p vi.
    Le quart peche mortel Ceft auarice. Vnde fcdz tullii
    Auaricia eft imoderatus amor habedi. Et fcom fan
ctum bernardu. Auaricia eft quar ulibet rex infatiabilis z
inhonefta cupiditas. Et fcom fanctu thoma . Auaricia eft

Immoderatus amor diuitiaꝝ. Cest adire q̃ auarice nest autre
chose si nõ vne couuoitise insaciable ⁊ inhõneste des choses
tẽpozelles. ⁊ vne amour imoderee dauoir richesses. Je treu
ue trois manieres dauarice. La pmiere est auarice sãs oz
dze ⁊ sãs attrẽpance cõe le gouffre de la mer q̃ tousiours ti
re leaue a soy ⁊ iamais ne sera assasie. aussi ne sera lauari
cieux/car tãt pl⁹ a ⁊ pl⁹art du feu dauarice ⁊ de couuoitise.
Et toutefois quãt raisõ domine la creature cest bõne chose
dauoir des biẽs ⁊ des richesses tẽppzelles: car moult en pa
⁊ a este q̃ en ont vse ⁊ vsẽt biẽ ⁊ nõ polt le nõ dauaricieux.

La secõde maniere dauarice est tresmauuaise dispẽsuci
on des biens ⁊ des richesses tẽpozelles a soy ⁊ a ceulx q̃ en
ont necessite. car moult en pa q̃ se laissẽt mourir de fain en
pres leur cheuãce/⁊ laissẽt mourir les poures de dieu ⁊ nẽ
osẽt faire biẽ a eulx ne a autruy. La tierce maniere da-
uarice est auarice spũelle laq̃lle est diuisee en six manieres.
La pmiere est couuoitise ⁊ auarice dauoir sciẽce ⁊ quãt on
la acq̃se on neveult dõner cõseil a celup qui en a besoing.
Et se on lup dõne cõseil cõfozt ou aide cest pour du sien a-
uoir en lui vẽdãt la sciẽce q̃ dieu lup a dõnee. Ou quant le
sciẽt ne daigne parler ou soy arrester auec lignozant. Et a
ce ꝓpos dit mõsieur sait ambzoise lib zo pmo de officiis.
Ille q̃ spũales diuitias nõ cõmunicat est sicut ille qui fon
tis riuũ ipedit ne ad alios trãseat. La secõde maniere daua
rice espũel e est nevouloir dõner cõseil q̃fozt ne aide aux oz
phelins ⁊ fẽmes vefues ⁊ leur tollir le leur par sciẽce mon
dame q̃ iceulx nõt pas. La tierce maniere est aux aduocatz
ou ꝓcureurs q̃ recoiuẽt les pecunes des gẽs.⁊ par leur ne
gligẽce ou mauuaistie laissẽt pdze leur bõne cause. Et se-

Blasmement aux medecis quãt par leur negligẽce ilz laissẽt
mourir le paciẽt q̃lz ont en cure.ꝗ de ces cas cy ilz doiuent
faire restituciõ ꝗ estre rẽuoyez au souuerain.La quarte ma
niere dauarice espuelle est quãt aucũ recoit argẽt pour sou
stenir vne mauuaise cause ou q̃ p dõne aucũ cõseil gfort ou
aide. Et de telz gẽs dit le psalmiste.De tuii abũdaũt ma
licia.La cinquieme maniere est cõtẽner la saicte escripture
pour prẽdre la sciẽce de pratiq̃ cõe font ceulx q̃ apmẽt mu
eulx estudier ses loix le decret ou les coustumes q̃ la saicte
escripture theologale affin de deuenir aduocatz ꝗ hõmes de
pratiq̃. Et de ceulx cy dit le psalmiste.Narrauerunt michi
iniqui fabulaciões:sed nõ vt lex tua. La sizieme maniere
dauarice espuele si est quãt aucũ sẽorgueillist ꝗ sẽfle pour
la sciẽce q̃ dieu luy a dõnee. Et de ceulx cy parle lapostre ad
corinthios vii.Si q̃s existimat scit e aliq̃d nõdũ cognouit
quomodo oporteat eũ scire.En ce peche cy sõt plusieurs ra
cines   La premiere si est couuoitise dauoir les biẽs tẽpo
relz tãt en ceulx q̃ les ont cõe a ceulx q̃ ne les ont poit . Et
appelle len ceste couuoitise radix oĩm maloꝝ.car le psaict
couuoiteux est voulẽtiers enclĩ a to⁹ les autres pechez mor
telz. Ceulx q̃ nõt pas les richesses sõt aussi biẽ espris de ce
peche cõe ceulx q̃ en ont grãt abũdãce par les mauuais de
sirs ꝗ mauuaises voulẽtez q̃lz en ont ꝗ iour ꝗ nupt . Vñ a
postolus Qui volũt fieri diuites icidũt i tẽtationẽ ꝗ laq̃uz
dyaboli ꝗc   La secõde racine dauarice est icessãmẽt pẽser
a couuoitise car par les mauuaises pẽsees ꝗ sõgz arrestz q̃
la creature si arreste trop briẽt le peche ꝗ ses brãches:cõe lar
recĩ/rapine/vsure/symonie ꝗ plusieurs autẽs. La iii.racie
est mauuais desir.car q̃t la creatẽ voit aucũes richessesto⁹

iours sãs cesser les desire ꝓ couuoite ꝓ les Bouldroit auoꝛ
sãs pẽser cõe il les auroit ne de ꝗl gaing   La quarte raci
ne est la ꝑsideraciõ des richesses ꝓ la mauuaise Bolẽte quõ
y met   La quĩte est amour de gloire mõdaine car moult
en y a ꝗ desirẽt pl⁹ la gloire de ce mõde ꝗlz ne sõt celle de pa
radis   La sizieme racine est amour quõ a a ses enfãs. car
plusieurs sont ꝗ sont pl⁹ auaricieux dacꝗrir pource ꝗ dieu
leur a dõne lignie ꝗlz ne seroiẽt se ilz nẽ auoient nulz . Et
plusieurs autres racines ꝗ sont en ce peche dauarice lesꝗl
les seroiẽt lõgues a racõter. De la mauuaise souche ꝓ raci
nes de ce maudit peche Biẽnẽt ꝓ ꝑssẽt plusieurs Brãches La
premiere si est inquietudo car lauaricieux na pas repos ne
iour ne nuyt Et de ceulx cy dit mõsieur sait gregoire. Aua
rus cũ labore acꝗrit cũ timore possidet ꝓ custodit cũ dolore
aB eis recedit La secõde Brãche dauarice est obliuio dei ꝓ sui
Cest oublrãce de dieu ꝓde soy mesmes. car lauaricieux par
sõ auarice oublie a seruir dieu ꝓ les saintz ꝓ si oublie soy
mesmes. Car ne pour soy ne pour autruy lauaricieux ne
fait ꝗlꝗ biẽ meritoire. Et de ce dit leuãgile. Ubi est thesau
rus tu⁹ ibi est ꝓ cor tuũ. La tierce Brãche est nulla cõpassio
Cest auoir nulle cõpassiõ dautruy. car lauaricieux na pi
tie de riẽs ne de soy ne de ses parens ne des poures de iesu
crist. Et pource dit psaie. Auarus pl⁹ cupit ponere thesaup
l archa ꝗ ipsere paupeꝛ Biscera. La quarte Brãche est cõtẽ
tio. Cest prẽdre noise ꝓ debat. car lauaricieux prẽt a tous
guerre ꝓ noise. Premieremẽt a dieu aux saintz ꝓ saictes de
paradis. Secõdemẽt a sõ ꝓchain. Tiercemẽt a tout le mõ
de car il aymeroit mieulx estre hay de to⁹ ꝓ auoir la hayne
de dieu ꝓdu mõde ꝗl neust a dextre ꝓ a senestre des biẽs mõ

daines. La quinte brāche est vsura. ceſt vſure quāt aucū pre-
ste ou baille du ſien en eſperāce q̄ ſon argēt ou ſa choſe luy
baille ou pfite. Et ſur ce pas ie treuue deux manieres du-
ſure. Ceſt aſſauoir vſure manifeſte/r vſure non manifeſte.
Vſure manifeſte eſt cōe iay dit. Je te pſte cēt eſcus par ain
ſi q̄ au bout de lan ien aurap cēt r dix ou pl⁹ ou moins ſe-
lō le marche q̄ en eſt fait ou ſeroit. Mais vſure nō manife-
ſte ſe fait en pluſieurs manieres. La pmiere ſi eſt. Je te pre
ſte.x.eſcus ſur vng gaige q̄vault.xx.frās ou pl⁹ ou mois
par tel̃e ꝺdiciō q̄ ſe tu ne le deliures dedēs tel iour tu le per
dras. Sil le retiēt r il ne luy rēt ce q̄lvault pl⁹ que laꝺ ſō-
me il eſt vſurier r larrō. La ſecōde maniere ſi eſt. Je te pſte
vng eſcu ou pl⁹ ou moins·ainſi diſāt q̄ tu me paieras de-
dēs tel iour en peine de doubler par faulte de le paper auꝺ
iour. Sil pꝛēt ſa peine il eſt larrō vſurier: La tierce manie
re ſi eſt quāt aucū baiſſe argēt avng autre diſāt. Tant cōe
vo⁹ aurez mō argēt ie aurap a boire r a mēger en vꝛe mai
ſon. La quarte maniere ſi eſt. Je te preſte cēt eſcus par ain
ſi q̄ ie iouprap de tavigne ou de ta maiſō ou de telle metap
rie tāt cōe tu me deuras mō argēt r au dexraiȵ iaurap mes
cēt eſcus r ne rēdrap riens dū reuenū. Celuy q̄ ainſi fait il
eſt larrō rvſurier. La quinte maniere ſi eſt. Je te baiſſe cēt eſ
cus a mettre en marchādiſe par ainſi q̄ iaurap lamoitie du
gaing r tout mō argēt frāc au bout de lan. Et ſe il pa per
te ce ſera ſur top ſeulemēt r nō pas ſur mop car perte ou
gaig mō argēt me reuiēdra touſious ſauuemēt. ceſt larre
ciȵ rvſure. La ſizieme maniere ſi eſt ie te baiſſe ſix beſtes
frāches r quittes par aīſi q̄ au bout de.iii.ans iaurap mes
ſix beſtes franches r quittes r la moitie du ciez . Et ſiſz ſe

meurēt tu me les feras bōnes a me les rēdras de telle essē
ce cōe ie te baille ou tu me rēdras au bout du terme telle sō
me dargēt cōe ilz mōt couste. La vii.maniere si est ie te vēs
p. pipes devin q̃ tu vēdras q̃rir dedēs.p v.iours a me baille
ras demp marc dargēt derres par aisi q̃ se tu ne vies audit
iour tu pdras tes erres La viii.manié si est achetir les blez
en herbe a les vignes en fleur affin dē auoir pl⁹ grāt mar-
che tu moitie cest faulse marchādise avsure. La ix.maniere
si est vēdre pl⁹ chier a ceulx q̃ empruttēt q̃ a ceulx q̃ baillēt
argēt cōtāt. Et plusieurs autres maulx sōt en vsure q̃ se-
roit lōgue chose a reciter. La x.brāche dauarice est rapina
cest rapine. Et pa differēce entre rapine/pillerie a larrecin.
Car rapine est quāt aucū prēt de lautruy par sa grandeur
maistrise a seigneurie publiq̃mēt a nē ose lē pler cōe font
les seigūrs sur leurs subiectz. Pillerie est quāt aucū toust
a rauist par force a aucūe psonne le siē a nē ose riē dire Et
larrecin est quāt aucū emble secretemt les biēs dauttruy. a
sōt to⁹ trois mauuais pechez a doiuēt to⁹ faire restitutiō.
car cōe dit la saicte escripture. Nō dimittit pctm nisi restitu
atur ablatū. La vii.brāche est deceptiō. a a ceste brāche plu
sieurs ptes. La pmiere est faulsete quāt aucū decoit lautre
en vēdāt ou achetāt ou autremēt faulsemt. La secōde est ba
rat ou tricherie ou beau pler decoit lautre en q̃lq̃ maniere q̃
ce soit. La tierce est mēsōge quāt aucū iure a se piure enven
dāt ou en achetāt la chose q̃l scait biē q̃lle nest pas vraie af-
fin q̃l gaigne a q̃l decoiue son pchain. La quarte si est faul
sete de marchādise cōe acertener faulses marchādises pour
bōnes a bailler mauuaise mōnoye pour bōne ou laffaiter
pour la mettre mieulx ou rongner ou appeticer la mon-

noye du roy tāt dor q̃ dargēt. Et ce cas cy est reserue au sou
uerain. Tenir mauuais pois ou balences ou mauuaises
mesures en son ħostel. a plusieurs autres casq̃ lōgz seroiēt
a racōter. La ħuptieme brācħe dauarice si est sacrilege dont
re treuue trois manieres a toutes mauuaises a casreseruez
au souuerain   La premiere maniere de sacrilege est prē
dre a oster les cħoses saictes de sait lieu cōe les ornemēs ca
lices liures a autres cħoses appartenātes a leglise ou aux
gēs deglise lesprēdre en leglise ou cimitiere ou aux autres
lieux saitz a est le pl⁹ grāt sacrilege ou mesmes violer le
glise cōe oster par force vng ħōme ou vne fēme tenāt frācħi
se ou cōmettre le pecħe de luxure dedēs leglise ou cimitiere

La secōde maniere de sacrilege est prēdre en leglise ou
cimitiere les cħoses nō saictes:cōe les biēs des parroissiens
q̃ y sōt mis en garde ou autres.car tāt cōe ilz sōt en leglise
nōbcāt q̃lz ne soiēt pas des biēsde leglise:si sōt ilz en frā
cħise a sauuegarde de leglise. a aussi ceulx q̃ batēt les vngz
les autres en leglise ou au cimitiere. a q̃ y sōt les dāces a y
vēdēt leurs denres si nō cħandelle de cire ou autres cħoses
appartenātes a oblaciō sans le congie du prelat sōt sacri
leges La tierce maniere de sacrilege est prēdre les cħosessai
ctes en lieu nō saint cōe prēdre les biēs de leglise dismes o
blaciōs a autres cħoses appartenātes a leglise aux cħāps
a deħors de leglise. tollir les droisrētes a reuenues a legli
se ou destourber ceulx q̃ y veulēt biē faire. a batre ou meur
drir les clercz ou prestres ħors de leglise/ou les asubiectir
a la court laye sans cōgie du prelat. Tō⁹ ceulx cy sōt sacri
leges a cas reseruez au p̃lat. La ix.brancħe dauarice est sy
monie a ceste brācħe appartiēt aux gēsdeglise a aux colla

teurs qui dõnent les bñfices. Et se cõmet symonie quãt ce=
luy q̃ requiert le bñfice dõne ou pmet dõner a celuy q̃ le cõ
fere q̃lq̃ chose affiŋ q̃l luy dõne pl⁹ Boulẽtiers. Et aussi ce=
luy q̃ le cõfere q̃ dõne eŋ esperãce deŋ auoir q̃lq̃ retribucioŋ
ou seruice au tẽps aduenir. tous deuy sõt symoniaq̃s q̃ est
cas reserue au pape. Aussi symonie se cõmet es gẽs degli=
se quãt ilz Bẽdẽt les sacremẽs de leglise ou les sõt eŋ esperã
ce deŋ auoir retribucioŋ. cõe qfesser dire messes fa=re espou=
sailles mettre gẽs eŋ Bnctiõ q̃ autres. Et nestoit celle espe=
rãce ilz nẽ feroiẽt riẽs ilz sõt symoniaq̃s par especial les p̃
latz/curez q̃ gẽs de religiõ q̃ ont leur Bie assignee hõneste=
mẽt. au regart des sĩples chapelaĩs q̃ autres ·tãt seculiers
q̃ reguliers. car cest Bne charite Bolũtaire qui ne se scait ia=
mais appriecier si nõ a la deuociõ de celuy qui fait faire ou
dire le sacremẽt La dizieme Brãche est pluralite de bñfices
cest adire quãt aucũ Beult auoir plusieurs bñ=icesq̃ ne sau
roit a grãt peine desseruir le pl⁹petit. car le pl⁹sage q̃ le pl⁹
clerc nest pas trop suffisãt pour gouuerner Bne cure damef
quant il seŋ Bouldroit acquiter deuement. La Bnzieme Brã
che dauarice est insuffisãce car se lauaricieuy auoit douze
pipes dor écore seroit il pl⁹ couuoiteuy deŋ auoir q̃ celuy q̃
na riẽs. q̃ sẽblablemẽt sil auoit cẽt bñfices . Et a ce ppos
il est escript Diues Bel auar⁹ dũ mourt ĩfern⁹ habet alam/
Bermes corp⁹/druitias mũd⁹ q̃ parẽtes La ǔu. Brãche si est
auoir pprie: car selõ la loy de dieu no⁹ deuriõs to⁹ estre si en
flãbez de la Btu de charite q̃ ĩcõtuiẽt q̃ no⁹ Beons aucũ a=
uoir faulte de ce q̃ no⁹ auõs no⁹ luy eŋ deurions dõner cõe
no⁹ Bouldriõs q̃l no⁹ fist se nous auiõs ĩdigẽce. Aussi ceste
douzieme Brãche se doit entẽdre des religieuy q̃ ne doiuent

nulz biēs tēporelz posseder car ilz ont voue pourete & ne doi
uēt pas dire cecy est miē. mais cecy est nře. Et peuēt biē a
uoir en cōmun des biēs tēporelz selō leur ordrc cōe les moi
nes rētez lesqlz en peuēt departir & distribuer selō la voulē
te de leur abbe ou de leur chapitre & nō autremēt. car ilz ne
sōt q administrateure. Ce sōt cy les racines & brāches da
uarice. Et pource le penitēt doit biē pēser a sa osciēce & cōe
il y peut auoir offēse dieu. Et le cōfesseur aussi luy doit re
mōstrer les voies & manieres de ce peche en luy dōnāt les re
medes q sōt cōtre ce peche   Le premier remede est cōside
rer ql fault to⁹ mourir & laisser les biēs tēporelz   Le se
cōd est q dieu ayme mieulx les pourcs q les riches cuidāt ql
pt a pour les pourcs quant il dist. Beati pauperes. &c. Et
no⁹ ne trouuōs poit ql puast oncqs pour les riches mon
dains   Le tierce remede est ōsiderer les perilz & dangicrs
ou se met lauaricieux en corps & en ame pour les biēs mō
dains & tēporelz   Le quart est soy esloigner des auaricieux & suyr leur cōpagnie.   Le quint si est cōsiderer les ri
chesses eternel es q dieu dōnera a ceulx q biē se gouuernc
rōt en ce mōde selō la loy   Le sizieme est mettre sō esperā
ce & sa voulēte en dieu & pl⁹ q es biēs tēporelz.   Le vii. est
faire omosnes ieunes & oraisōs en seruāt a dieu plus q au
mōde Et en faisāt ces sept choses dessusd on resistera au pe
che dauarice. Decy le tcpte de ce pnt chapitre. Gazas lucrā
do nō sis cupid⁹ nec amādo. Nec male seruādo: sz sis larg⁹
bñ dādo. Sp egen⁹ eris si sp pl⁹ tibi qris. Cū cōtēt⁹ sui rie
diues tñc efficieris. Lrespōs est telle q no⁹ ne deuons point
estre couuoiteup de gaigner ne de mauuaisemit gaird. r les
richesses mōdaines. mais no⁹ deuōs estre larges & dcnr.et

Bouleētiers pour lamour de dieu a ceulp qui ont beſoīg Et
dit q̃ celup qui eſt le pl⁹ couuoiteup eſt ⁊e pl⁹ poure q̃ le pl⁹
ſouffreteup. Et celup qui eſt cōtēt de ce q̃l a ceſt celup q̃ eſt
appeſſe riche.   Du pech̄e de pereſſe.   pBii.
l   Le quīnt pech̄e moꝛtel ceſt pereſſe. Dn̄ accidia eſt diſ⸗
        ſi dēttia de pꝛopꝛiīs Bɳibȝ ⁊ auȝ iɧio dei īpɫendi ardua
Leſt adire que pereſſe eſt Bng pech̄e qui gaide la pſonne de
ſeruir a dieu ⁊ de laBourer en ce monde. ce pech̄e cp a pſuſi⸗
eurs racines   La pꝛemiere eſt pōꝛe le labour a quop no⁹
auōs eſte faitȝ aīnſi q̃l appert. Gen̄. ii. Poſuit deu ɧolem
ī paradiſo Boluptatis Bt operatur. ꝛc   La ſecōde eſt peꝛdꝛe
le tēps en Bāitez car ſe no⁹ ſommes opſeup ⁊ nous ɳe la⸗
Bourōs ou pour le coꝛps ou pour lame no⁹ perdōs le tēps
q̃ dieu no⁹ a dōne en ce mōde duq̃l no⁹ lup rēdꝛōs eſtroit cō
te au iour du iugemēt. Et pource dit lapoſtre. Dpemur bo
nū dum̃ tēpus ɧabemus. ꝛc   La tierce eſt ſieBleſſe de de⸗
uocioɳ. car qui a ſieBle deuociō a dieu eſt toſt cɧeu en pech̄e.
car quāt lēnemp ſe treuue ſieBle deſperit ⁊ q̃l neſt pas foꝛt
a reſiſter cōtre les tētacions: loꝛs il laſſault de to⁹ les ſept
pech̄ez moꝛtelȝ. Dn̄ ait poeta. Sēper aliq̃d Bom facito Bt
te dꝑaBolus inueniat occupatū   La quarte racine eſt nō
chaɫāce. ceſt quāt il ne chault de bīē faire ⁊ de rendꝛe a dieu
ce q̃ eſt ſien. Et de ce no⁹ auōs. Mathei. pi. De ſeruo q̃ talē
tum dn̄ti ſui ī terra abſcōdit. De ce mauuais pech̄e de pereſ
ſe ⁊ de ces quatre racines pſſēt pſuſieurs Branch̄es.   La
pꝛemiere ſi eſt tēdꝛeſſe. ceſt adire quāt aucū ne peut dire ſoɳ
ſeruice ou ce q̃l ſcait de bīē. ou quāt il ne peut ieuner ou fai
re pēnitāce ⁊ eſt foꝛt ⁊ puiſſāt a lupter ou a faire les diſſo⸗
lutiōs mōdaines Et ceſte tēdꝛeſſe eſt grāt ſigne de dānaciō

en la pſonne ſil leperce gueres   La ſecõde brãche eſt trop
apmer le repos ʒ le dormir. Dõt ait ſapiẽs ꝓuerb. xx vi. Si
cut hoſtiũ vertit in cardine ſuo: ſic piger i lecto ſuo.   La
tierce brãche eſt opſiuete. ceſt quãt aucuñ ne veult riẽs faire
ne pour ſame ne pour le corps. Et de cculꝝ ꝯy parle le ſai-
ge au douzieme chapitre de ſes ꝓuerbes. Qui ſectatur ociũ
ſtultiſſimus eſt ʒ negligit vite neceſſaria querere ʒ ꝓ vita
gĩe laborare.   La ᷎rte brãche eſt dilaciõ. car le pereſſeuꝝ
quiert voulẽtiers le plꝰ dallõgnes ᷎l peut auãt ᷎ faire au
cune choſe ſoit tẽporelle ou ſpũelle. Jl reſẽble au corbiñ ᷎
dit cras cras. Et le mettriſieur dit alencontre. Qui nõ eſt ho-
die cras minꝰ aptus erit. Je treuue deuꝝ manieres de dila
ciõs   La premiere eſt dilaciõ de cõuerſion. quãt aucũ at-
tẽt trop a ſoy repẽtir de ſes pechez car par trop attendre la
mort vient entre deuꝝ ᷎ ſe prẽt a deſaroy Et ſil eſt vne fois
pris en peche mortel il eſt perdu ʒ damne. ainſi dõc faire ſi
grãt dilaciõ eſt vne dãgereuſe choſe.   La ſecõde eſt dila
ciõ de cõfeſſion laᷕlle eſt trop dangereuſe. car ſi toſt ᷎ noꝰ
auõs peche noꝰ nousdeuõs auſſi toſt eſpurger par le ſacre
mẽt de cõfeſſion ʒ de penitãce/car moult de perilz en peuẽt
venir par trop attẽdre a ſoy cõfeſſeſer.   Le premier eſt ᷎
oñ demeure touſiours en peche mortel tãt ᷎ la cõfeſſiõ ſeit
faicte ʒ es liẽs de lenemy deſer.   Le ſecõd peril eſt ᷎ oñ
oublie pluſieurs de ſes pechez ᷎ eſt grãt peche de ſes oubli
er par negligẽce ʒ dilaciõ de ſoy confeſſer a tẽps ʒ a heure.

Le tiers peril eſt ᷎ tãt quõ eſt en peche mortel oñ ne ꝑ eut
faire oeuure ᷎ ſoit meritoire a la ſaluaciõ de ſame ne ᷎ ſoit
plaiſãt a dieu ne a toute la court celeſtielle   Le quart pe-
ril eſt obſtinaciõ. car quãt oñ delaiſſe a ſoy confeſſer ʒ oñ a

trop loguemēt eu pecse mortel ō si obstine de pl⁹ en pl⁹ ꝑ
nē chault pl⁹ q̇ est q̇tre le sait espꝛit pecse dānable ꝑ irremis
sible a q̇ trop y pseuere Le cinquieme peril si est mort cōe.
dessus dit. car la mort pꝛēt la psōne auāt q̇ cōfessiō soit fai
cte de ses pechez mortelz tout le biē q̇l a fait toute sa vie est
perdu. car cōe dit le vꝛay iuge Vbi te inuenero ibi te iudicabo
Et pource est bōne chose de soy cōfesser ꝑ faire penitance si
tost quᷓ a pecse mortellemēt La cinquieme bꝛāche de peref
se est negligēce cest quāt on est trop negligēt de dire sō ser⸗
uice de seruir a dieu de faire les besōgnes pour gaigner soy
aumēt sa vie dacōplir ses penitāces daller a leglise au ser⸗
uice de dieu aux pꝛdicatiōs aux vopages ꝑ pardōs ꝑ autres
choses vtiles La sizieme bꝛāche est iperseuerāce. quāt au
cū a cōmēce aucūe bōne besōgne ou espꝛituelle ou tēpoꝛelle ꝑ
il ne pseuere pas a la faire diligēmēt ains la laisse ꝑ met
a nōchaloir ou quāt on refuse les bōnes voulētez de biē fai
re ꝑ q̇ on ne les met pas a execuciō La vii.bꝛāche est dif
soluciō quāt aucū est dissolut ꝑ q̇l na poīt de hōte de pecser
publiquemēt en q̇lq̇ pecse q̇ ce soit La viii.bꝛāche est in
deuociō. car par peresse la creature deuiēt ideuote vers dieu
ꝑ ne luy chault de nulle deuociō appartenāte a lame/il ne
luy chault si nō q̇ de aisete mōdaine au regard des choses
espꝛituelles il ne luy en chault ains luy est aduis par sō ide⸗
uociō q̇l nest poīt dautre paradis q̇ ce mōde ꝑ ne lui chault
de riēs si nō de viure a sa voulēte en ce mōde Le pecse ey est
mauuais ꝑ biē dāgereuy. ꝑ le cōfessur doit biē enqrir le pe
nitēt sil est point encseu en telz erreurs. La ix.bꝛanche
est misere cest quant aucun apme mieulx viure au monde
en misere et en pouꝛete que de pꝛendꝛe a besongner pour

gaignec ſa Bie ſopauſit on quāt il aime mieulp ſe tenir eŋ
ces pecßez ɳ aſſec eŋ ſa fiŋ eŋ miſece ɳ tourſit ɋ de ſop amē
dec.ɳ aſſec eŋ paradis.   La p.bzācße ſi eſt triſteſſe cac ſe
peciſſeup eſtBouſētiers triſle ɳ marrp ne rīē ɋ ſup meſmes
face ne ſui plaiſt ɳ ſi ne prēt plaiſir a riē ɋlBoie ceſt ſa facō
du triſle peciſſeup deſtre touſiours endozmp ɳ ſōgāt.   Lō
zieme eſt auoir ēnup de ſaBie cac ſe peſāt ɳ mauuais periſ
ſeup ſe pluſſouuēt ſe ſes cßoſes neBiēnēt a ſoŋ gre il mau
dit ſaBie ɳ ſßeure ɋl ſut ne ɳ ſui ēnupe deBiure tāt au moŋ
de Et ɋ pirs eſt pluſieurs eŋ ſōt ocis ɳ pēdus ou fait mou
rir eŋ diuerſes manieres pouc ce ɋlz ne peuent faire a ſeuc
gre eŋ ce mōde.   La pii.bzācße eſt oubliāce.cac ſe periſſeup
met tout eŋ oubſp ɳ ſe bīē ɳ ſe maſ.ɳ ne ſup ſouuiēt de rīē
fozs de ſaBouſēte acōplir ɳ de ɋrit ſaiſe du cozps ɳ ſa plai
ſāce mōdaine.cac de nuſ bīē iſ ne ſup ſouuiēt . Ce ſont ſes
douze Bzācßes de pereſſe deſɋſſes ſe penitēt ſe doit accuſec
treſdeuotemēt.cac pereſſe eſtBng pecße bīē mauuais ɳ dau
gereup.Et par pereſſe ɳ ſes bzācßes pluſieurs pecßez grās
ɳ enozmes ſōt faiz ɳ cōmis cßacū iour.Si doit bīē ſe bō cō
feſſeur auoir regaid ɳ ſop enɋrir cōe ſe penitent eſt cßcu eŋ
pecße ou de ſaBouſēte pſaniere.ou par grāt tētaciō ɳ cōe iſ
a reſiſte au pecße ɳa ſa tētaciō ɳ a toutes ſes circōſtāces.cac
par pereſſe de reſiſter pluſieurs ſōt maītz grās maulp eſ
ɋlz ilz reſiſteroiēt bīē ſilzBouſoiēt eſtre diſigēs de bīē faire
ɳ ɋ pirs eſt pluſieurs ſōt ɋ par pereſſe ɳ opſiucte dōnēt ſicu
au pecße ou a ſa tētaciō deuāt ɋlleBiēne ɳ ſōt eup meſmes
cauſe de ſa tētaciō ɳ du pecße ɳ nō autre mociō dōt ſe pecße
eſt plꝰ grief ɳ plus aboiuſable.Et pourtāt ſe cōfeſſeur ſeŋ
doit acɋter ɳ ſup remōſtrer ſes remedes qui ſōt cōtre ſe pe-

che de peresse   Le pmier si est occupaciõ.car chacũ se dott
occuper eŋ aucũe oeuure ou tẽpolie ou espũelle affiŋ ꝗ leŋ
nemp ne se treuue opseuy:car se se co?psest opseup se cueur
la pẽsee ꝛ lentẽdemẽt ne se serõt pas ains dõneront lieu a
la tẽtaciõ.   Le secõd est p?ẽdre bõne ꝗpaignie ꝛ soy acõ
pagner de gẽs de bẽ ꝗ sõt diligẽs de bẽ seruir a dieu ꝛ fai
re cõe eulp. Boire se bẽ ꝛ laisser se mal   Le tiers remede
est cõsiderer les pmes eternelles ꝗ sont appareillees aup
perisseup ꝛ aup autres pechez mo?telȝ   Le quart est cõsi
derer se grãt souper ꝗ aurõt les bons au ropaume de para
dis ꝗ aurõt bẽ resiste cõtre les sept pechez mo?telȝ ꝛ ꝗtre se
dpable.   Le cinquieme est p?ẽdre cꝝẽple aup bõs ꝛ aup
diligẽs ꝗ fupẽt peresse ꝛ les autres pechez mo?telȝ a faire
cõe eulp.   Le siȝieme remede est ꝗsiderer les perilȝ ꝛ dans
giers esꝗlȝ no⁹ sõmes eŋ ce mõde.car nul ne scat ne iou?r ne
heure de certain debure. Ce sõt les remedes cõtre peresse. te
mẽ rapo?te au bõ ꝗfesseur de les remonstrer ainsi ꝗi berra
bon estre. Bcep se teẝte de ce p?ñt chapitre. Accidia cinꝗ que
dat mala tedia bite. Segniciẽ fugias nunꝗ pn⁹ ad mala
factas. Leppõŋ est telie ꝗ no⁹ deuõs to⁹ fup? peresse saꝗlle
dõne mauuais courage aup creatures. Et se no⁹, la fupõs
cõe no⁹ deuõs no⁹ ne serons iamais enclins a peche. Jl est
dõc a entẽd?e ꝗ peresse est cause de to⁹ les pechez mo?telȝ
Du peche de gloutonnie.   p bííí

C   E siȝieme peche mo?tel est se peche de gloutõnie. Dñ
     gulabt ait augustiŋ⁹. Est imoderata cibi auiditas.
Cest adire que gloutõnie nest autre chose si noŋ ꝗ bne cou
uoitise imoderee de mẽger.   Je treuue deup manieres de
gloutõnie   La premiere si est gloutõnie de trop mẽger ꝗ

fappeffe gourmãdife   La fecõde eft gloutõnie de trop boi
re q̃ fappeffe pureffe Pour parler de la premiere gloutõnie
ceftaffauoir de gourmãdife ien treuue plufieurs manieres

La premiere eft quãt on rõpt les ieunes ǫmãdees de le
glife. cõe la quarãtaine/les quatre tẽps/les ßeilles des ßõ
nes feftes ou fe on les ieune fãs deuocjõ par maniere dariĩ
ou de paour q̃ on ne die il eft mauuais pource q̃l ne ieune
pas. ou quãt on triẽt table excefſiueĩt ou quãt on ßoit ßin
deuãt difner ou apres fãs neceſſite pour mieulp ieuner ou
quãt on mengue trois morceaulp ou dragee ou cõpofte ou
auttes efpicea fãs neceſſite q̃l en foit. Et de ce parle lefcrip
ture qui dit. De terre eu.9 pricipes mane comedũt   La fe
cõde maniere eft de q̃rir ßiãdes exquifes pour mieulp men
ger cõe main̄enãt ßoullp maĩtenãt roty. maĩtenãt chair
maĩtenant poiſſon.a toutes teffes manieres de lecßerie
qui amainẽt le gouft defordonne ouftre le gouft de nature
cõe no9 auõs en feuãgife de diuite qui epulabatur quotidie
fpẽdide.ꝛc   La tierce maniere eft quãt on mẽgue trop ex
ceſſiuemẽt ouftre la mefure de nature.ꝛ ce nupft auſſi biẽ
au corps cõe a fame car par trop ßoire ꝛ mẽger excefſiue
mẽt fouuẽt fẽgẽdrẽt les maladies es corps des creatures
ꝛ pluffort la mort biẽ fouuẽt fẽfuit ou foudaineĩt ou au
tremẽt   La quarte maniere de gourmandife ſi eft neftre
pas cõtẽt de ce quõ a. mais defirer meiffeurs ßins ou meil
feures ßiãdes q̃ on na ꝛ fen defpiter fe on ne les a. Car auf
ſi biẽ fe cõtentera nature dune efcuffee de choulp ou de pois
cõe de la meiffeure ßiãde du royaume fe ce neftoit la mau
uaife lecßerie ꝛ gourmãdife quõ a ꝛ ßiuroit on plus9 longue
mẽt.   La q̃nte maniere eft mẽger fãs mefure inceſſãment

car q̃ mẽgue pl⁹ de deux fois le iour fait peche se dit le saige. se ce nestoit gẽs de peine q̃ digerẽt leur viãde a besongner ou pelerins ou autõs telz manieres de gẽs. Et de to⁹ ceulx cy dit le psalmiste. Dẽm escã abominata est aïa coz. La seconde maniere de gloutõnie q̃ sappelle puresse est en plusieurs manieres diuisee. La p̃miere est quãt on boit tant de vin ou dautre breuage q̃ le boire le maistrie. τ q̃l ne se fait pas par soif q̃l ait. mais par rallerie/par cõpagnie ou par acoustumãce. La secõde est quãt par vin on se souille du peche de luxure ou es autõs pechez. sicõe p force de vin loth eut cõpaignie de ses deux filles: cõe tu trouueras en la bible au liure de genese. La tierce maniere est quãt on est titre au peche de ire par iniures/tẽsõs/noises/debatz meurdre τ autres plusieurs maulx q̃ sẽsuppuẽt chacũ iour. La q̃rte maniere si est quãt on est esmeu en danseries esbatemẽs chãsõs deshõnestes τ plusieurs autres ieux nõ cõuenables.

La quinte maniere dpuresse si est q̃ par vin plusieurs cõseilz τ secrez ont este reuelez tãt de cõfessiõ q̃ autremẽt. par quoy mault mal est venu τ viẽt de iour en iour. La sixieme maniere est q̃ par puresse plusieurs en pdẽt la parole en telle maniere quõ ne scait q̃lz diẽtq̃lz ne scauẽt dire vespris ne cõplie nõ pas seulemẽt eulx recõmander a dieu. Et silz mouroiẽt en tel estat ilz seroiẽt pdus τ dãnez. La vii. maniere dpuresse si est q̃ p vin ou autres breuages pris excessiuemẽt ilz sõt cõtraitz le plussouuẽt a faire vomissemt de tout ce q̃lz ont pris le iour au deuãt leur dormir ou aps. Et est vng tres vilain τ deshõneste peche. le bõ cõfesseur doit biẽ enq̃rir le penitẽt sil a poit peche en ces ii. manieres de gloutõnie. Et sil ya peche il se doit ramener a bõne voie de abs

stinēce ꝗ de penitāce Le pecħe a plusieurs racines ꝗ sōt cau
se de pfaire ꝗ acōplir pecħe   La pmiere racine dē gloutō
nie si est appetit desordōne. cest quāt aucũ ne met pōit de or
dre en son mēger neāt pl⁹ ꝗ ꝟng porceau on ꝗlꝗ autre be
ste irraisōnable/car la creature raisōnable cest hōe ꝗ fēme
doit mettre raisō en toutes ces choses ꝗ en tout ce ꝗl fait Et
sil ne fait riē ꝗl ne soit par ordre ꝗ par raisō. cest pecħe aus⸗
si biē de toutes autres choses cōe de boire ꝗ de mēger   La
secōde racine est pdigalite quāt aucũ despēd pl⁹ ꝗl ne doit
ou ꝗ son estat ne reꝗert   La tierce est faulse cōpaignie: car
par ensuipr les mauuaises cōpaignies plusieurs deuiēnēt
gloutōs ꝗ puirōgnes ꝗ plains de mauuais ꝟices cōe dit le
psalmiste. Cũ sctō sctũs eris ꝗ cũ puerso puerteris. La ꝗr⸗
te racine est folle acoustumāce. car par mauuaise coustũe
de boire ꝗ de mēger sās ordre plusieurs sont enterchez de to⁹
mauuais pecħez ꝗꝟices. Ce sōt les quatre racines ꝗ tiēnēt
sur bout ꝗ en ꝟtu le mauuais pecħe de gloutōnie dōt plu
sieurs brāches sourdēt ꝗ pcedēt. La pmiere brāche de glou
tōnie est mauuaise leesse. Et cōtre cecy dit le bō mettrisieur.
Verba ieiũi⁹ꝟēter lascriua nō audit libēter Cest adire ꝗ le
ꝟētre ieun ne sesioupt pōit ꝟoulētiers a ouȳr fables ne mē
sōges ne chāsons ne istrumēs ne telle manieres de choses
mais le ꝟētre saoul les demāde: car il ꝟeult gaudir chanter
dācer iouer a to⁹ ieuȳ ꝗ esꝟatemēs . La seconde branche de
gloutōnie est ꝟillain lāgaige. car apres grant repleciō de
boire ꝗ de mēger ꝟiēnēt les grās ꝗ desordōnez langaiges ꝗ
parlemēs deshōnestes sur hōmes ꝗ sur fēmes si ꝟillainemēt
ꝗ iauroie grant honte de les reciter ou escripre.   La tierce
brāche est mocquerie ꝗ detractiō. car ceulȳ qui ont le ꝟētre

plain de vins ¬ de viandes lardét ¬ mocquét Boulétiers to⁹
ceulx q passét par deuát eulx ou en beuát ou en mégeant
detracterót ¬ moquerót toutes creatures.¬ sera celuy bien
pfait sur q ilz ne trouuerót a dire. La quarte branche si est
flaterie:car plusieurs en pa q pour auoir le ventre plain cóe
le pourceau flatcrót ¬ ne dirót pas verite ¬ souftédrót en pe
che les grás ou ceulx q ont a viure affin de gourmáder cóe
eulx. La quite bráche de gloutónie est excez de dormir.car
les grás excez de boire ¬ de menger fót faire quon dorme ¬
quon meine vie de pourceau:car si tost q on est leue il fault
boire méger cóe le pourceau a lauge:si tost quó est saoul se
coucher ¬ dormir cóe vne beste brute. Car cest la vie des mó
dais mais elle est bié perilleuse pour lame ¬ pour le corps
car les ames en sót souuét pdues ¬ le corps en affoiblist ¬
abbrege ses iours.La sizieme bráche si est indeuoció.car le
gloutó na nulle deuoció en maniere ql soit il ne sui chault
de rié si nó de dire q mégerós nous demain.cest la messe ¬
les heures du gloutó.Brief ie ne scauroie lappeller autre
mét si nó la creature desordónee car au glouton il npa ne
ti.ne ne raison ncát pl⁹ q au pourceau q tousiours regarde
se on lup apportera a méger.Ainsi fait le gloutó il regar
de tousiours de qlle part védra sa mégaille. Mais q de la
me il lup chaille nó fait.Ce sót les six bráches de gloutó
nie qbié q on p trouueroit la moitie pl⁹ q vouldroit.¬ pour
ce ie mé rapoíte a la bóne discreció du cófesseur denqrir se
penitét de ce maudit peche de lup dóner les remedes a lécó
tre.Le premier remede est de op2 voulsent.ers le seruice ¬ la
parolle de dieu.Dñ i euágelio dñs ait. Nó i solo pane vi
uit hó sed i oi vbo qd pcedit de ore dei. Le secód est modera

cion car il se fault moderer de boire ⁊ de mẽger ⁊ de toutes autres choses faire q̃ ne sõt pas raisõnables car moderaciõ ⁊ attrẽpãce sõt deux vertes vertꝰ en la creature qui biẽ les scait gouuerner. Le tiers remede est occupaciõ car la creatu re q̃ soccupe a faire les besõgnes tẽporelles.ou aucũe oeu re espũelle cõe oraisõ ou autre deuociõ si nest pas si enclĩ a gloutõnie ne cs autres pechez cõe sil estoit opseux. Quia ociositas ĩimica est aīe Le quart remede est supr les glou tõs les lieux ⁊ les places ou gloutõnie est faicte ⁊ ppetree Le cinquieme remede est considerer q̃ ce sera q̃ nostre poure corps apres la mort ⁊ q̃l deuiẽdra. Le sizieme est cõsiderer la retribuciõ eternelle q̃ nr̃e seignr̃ dõne a ceulx q̃ se abstiẽ drõt de pecher pour lamour de luy. Le septieme remede est cõsiderer les maulx q̃ sõt au peche de gloutõnie ⁊ q̃l mal il fait a lame ⁊ au corps.car par gloutõnie les vngz deuien nẽt meseaux les autres perdẽt lamoitie de eulx les autres sõt gouteux ou paralitiqs̃ les autres meurẽt soudainemẽt sans ꝯfessiõ.ainsi par gloutõnie lame ⁊ le corps sõt per dus. Le huptieme remede est faire ieunes oraisõs ⁊ deuoci ons a dieu ⁊ macerer son corps par telles choses. Et q̃ ain si le fait ⁊ va le bõ cheminy il na garde des perilz q̃ peuent ensuyr par le peche de gloutõnie. Si est bon q̃ chacũ y prẽ gne garde q̃ ayme ⁊ desire sa saluaciõ. Decy se texte de ce p̃nt chapitre de gloutõnie Pone gule frenũ tibi vel dabit ip sa venenũ. Est sibi dãnosꝰ ĩ multis q̃sq3 gulosus. Lexpõn est telle q̃ dit quõ doit refraidre le vouloir de gloutõnie ou autremẽt par les doulceurs de bõnes viãdes on prẽdra le veni pour lame ⁊ pour le corps.car en moult de choses cõe dessꝰ est dit le peche de gloutõnie est fort dangereux.

L Le septieme peche mortel a dernier des autres est lus
xure. Dñ luxuria est est imundis desideriis subiica
mentis a carnis pstitutio. Vel scdm plures doctores. Luxu
ria est libidinose voluptatis appetit9. Cest adire q̃ le peche
de luxure est vng appetit bestial a ordour desir a subriq de
la voulēte charnelle du corps. Je treuue deux manieres de
luxure q̃ sont ppres racines a cause de ce peche cy. Lune a
plusieurs braches lesqlles sõt racines a gmēcemēt de ceste
mauuaise souche de luxure. La pmiere est luxure de cueur
a de pēsee. La secõde est luxure de corps. Pour plet de la p
miere luxure cestassauoir de la luxure de cueur a de pēsee.
ie treuue plusieurs racies La pmiere est desordõne avillain
regard. car par icesuy regard viēnent a pou to9 les maulx
de luxure. Dñ apsūs. Quicūq3 viderit mulierē ad cõcupi
scendū eã: iã mechatus est i corde suo. ꝝc. La seconde racine
apres le regard sõt les deshõnestes ymaginaciõs qui peuēt
venir ou de iour ou de nuit au cueur a en la pēsee de la crea
ture. La tierce est delectatiõ a plaisãce quon y prēt en la ra
menãt souuēt en sa memoire. Et plusieurs docteurs dient
q̃ ceulx q̃ perseuerēt iusqs cy pechēt mortellemēt. car de la
veue a ymaginaciõ on doit auoir cõtriciõ a desplaisãce a q̃
ne le fait il cõsume ia se peche mortel. La quarte racine est
q̃ apres regard ymaginaciõ a delectaciõ on ppose en son
cueur a pēse sen de traicter de cesui peche a la creature tant
hõe q̃ fēme ou sen mettre en ppos a deliberaciõ de ce faire.
La quĩte racine est quãt le cõsētemēt est entre au regard et
ymaginaciõ plaisirs a mauuaises voulētez. Et par le cõ
sentemēt que le cueur a la pēsee donnēt on se met en delibe
raciõ de trouuer par parolles ou autremēt maniere dacõ

plir se fait. Et depuis q̃ le cõsētemēt a deliberaciõ dacõplir
peʃt aucũ ne doit douter q̃ ſe peche ne ſoit ia mortel aacõpli
en ſame   La vi. racine eʃt q̃ quāt oŋ a icorpore eŋ ſõ cueur
a eŋ ſa pēſee toutes ſes choſes deuāt dictes viēnēt ſes eſmo
uemēs charnelz inõbrables quāt oŋ voit aller paʃſer venir
ceulx ou celles quõ deſire tāt hões q̃ fēmes auſq̃lz eſmou
uemēs a eſguilſõnemiēs oŋ ne reſiſte poīt ains ſē leur don
ne ſieu a y prēt ſē plaiſir. Et de ce ꝓcede vng enorme a ter
rible peche a cas reſerue au prlat q̃ oŋ appelle molſicies vel
poſutiõ diurnalis cõe ie diray quāt ie parlerap des brãches
de ce peche.   La vii. racine q̃ vient du cueur ou de ſa pēſee ſi
eʃt quāt toutes ſes tētaciõs a vouſētez deuāt dictes ſõt ve
nues a la pſõne a il ŋpa vouſu reſiſter ains cõe dit eʃt leur
a dõne ſieu Diēt apres poſucio nocturnalis cõe ie plerap a
pres Ainſi tu as la luxure de cueur a de pēſee a ſes brãches
a ſes racines q̃ eŋ deſcēdēt Si eʃt bõ q̃ ſe penitēt ꝓ vope: af
fin q̃l ſaccuſe de ſes faultes deſq̃lles il ſe trouuera coulpa
ble.   La ſecõde maniere de luxure q̃ eʃt de corps ſe deuiſe
eŋ pluſieurs manieres a racines.   La pmiere racine ſi eʃt
q̃ luxure eʃt aucũe fois cauſee a engēdree eŋ la pſonne par
eʃtre trop pricuſemēt ou molemēt veſtue. Ceʃt adire delicu
euſemēt veſtir ſõ corps de chemiſes de liŋ a autres ſouefz ve
ſtemēs car ſil veſtoit la haire ou eʃtamine il ne ſ roit pas ſi
eſmeu cõe il eʃt ou peut eʃtre. La ſecõde eʃt coucher trop mo
ſemēt a delicieuſemēt car quāt ſes os a ſes mēbres de la pr
ſõne ſõt delicieuſemēt a molemēt couchez ilz ſont plꝰ eŋ
clins au peche q̃ ſilz geſoiēt duremēt La tierce eʃt trop grāt
repleciõ de viãdes car ilz enclinēt plꝰ a peche que ne ſait ab
ſtinence a maceracioŋ de chair . Vnde apoʃtolus ad ephet

fioe.B. Nolite inebriari vino i quo est luxuria   La quar
te est trop grãt lãgaige ou familiarite les hões auec les fẽ
mes ꝗ econtra.cest les fẽmes auec les hões.Dñ sapiẽs ait.
Sicut inficit qui habitat cũ serpẽte:sic ꝗ habitat cũ mulie
re.Et encoꝛe pl⁹ car celup ꝗ demeure ꝗ habite auec le serpẽt
ne peut estre infait si nõ tãt seulemẽt au coꝛps.Mais celui
qui habite auec fẽme ou ꝗ p hãte peut estre ĩfait au coꝛps ꝗ
a lame   La quĩte racine est oppoꝛtunite de tẽps ꝗ de lieu
Dñ hieronim⁹.Sapiẽter agit qui locũ ꝗ tẽpus ꝗ possũt ei
dare occasionẽ peccãdi fugit   La sizieme est ꝗ appartient
aup gẽs mariez ꝗ se deuise eɳ plusieurs ꝑties ꝗ manieres.

La pꝛemiere est quãt aucũ se marie nõ pas tãt seulemñt
pour lhonneur du sacremẽt garder.mais pour le lignage
ou pour la beaute ou la richesse ꝗ puissãce ꝗl pẽse auoir ou
pour estre soustenu   La secõde est quãt iceulp mariez cõ-
gnoissẽt luɳ lautre autremẽt ꝗ les dꝛoitz de nature requie
rẽt selõ lhõneste coustume oꝛdõnee pour ceste chose.   La
tierce est silz ont ꝗpagnie luɳ auec lautre eɳ lieu saĩt cõe eɳ
leglise ou cimitiere/ou autre lieu defendu a ce faire car cest
cas reserue au ꝑlat pour la polucĩ du lieu   La quarte est
quãt aucũ cõgnoist sa fẽme charnellemẽt eɳ saĩt tẽps cõe
es ĩours de ieune cõmãdee de leglise ꝗ les festes solẽnelles
ꝗ p especial quãt oɳ doit receuoir le sacremẽt de lautel.Et
nota car cõe lhõe se peut aussi bĩe occire du cousteau de soɳ
voisiɳ cõe du sieɳ.ꝗ ecõtra.Aussi peut faire lhõe aussi bieɳ
peche moꝛtel auec sa fẽme espousee cõe auec celle de sõ voi-
siɳ.Car lapostre dit.Qui habẽt vpoꝛes sint tãꝗ nõ habẽ-
tes.Doire quãt au regard des choses ꝗ se fõt luxuricusemñt
ꝗ nõ pas selõ le sacremẽt:Et s.augustiɳ dit.Dis vehemẽs

amatoz pprie vxoris adulter est   La quinte si est quāt lhōe
ꝗgnoist sa fēme en tēps de ses fleurs Et ce fut deꝺēdu pour
ce ꝗ la fēme en icelup tēps nest pas honneste pour traicter
les oeuures de nature. Et aussi pource ꝗ les enfās cōceupz
en tel tēps ne vēdrōt pas a bōne pfection selō ce ꝗ dient les
philozophes. Car ilz pourroiēt auoir trop de membres ou
trop pou ou seroiēt bochus ou cōtrefais ou auroiēt ꝗlꝗ au
tre accidēt de nature ou en pourroiēt venir a lhōe aucunes
ordes ꝗ villaines maladies   La sizieme est quāt le marp
cōgnoist sa fēme au tēps ꝗlle est grosse ou preste dēfanter
car il pa peril pour lēfant en moult de manieres dōt ie mē
tais   La septieme maniere est quāt ilz ont souuēt cōpai
gnie lū de lautre ꝗ sōt biē martis ꝗ fort desplaisās dauoir
ꝗ faire signie ꝗ telz gēs pechēt mortellemēt. car le sactmēt
de mariage fut ordōne pour faire signie sur la tre : ꝗ pour
rēdre le deuoir naturel lun ēuers lautre ainsi ꝗ la pmesse
du sait sacremēt lordōne en le traictāt honnestemēt cōe dit
est en esperāce dauoir signie. La huptieme maniere est quāt
ilz ont cōpaignie lun a lautre si ardāmēt ꝗ vehemētement
ꝗ le marp si tenoit vne autre ꝗ sa fēme/ꝗ la fēme vng au
tre ꝗ son marp si acōpliroient ilz leur libidinosite ꝗ oeuure
charnelle En ceste voulēte silz acōplissoiēt le fait ilz pechēt
mortellemēt ꝗ tresdāgereusemēt:car cest adultere selō lau
ctorite de sait augustin deuāt dicte. Vls vehemēs amatoz
pprie vxoris adulter est.ꝗc. Tu as oup les deup manieres
de luxure ꝗ les racines dicelle:si est biē de necessite que le
penitēt p prēgne garde car moult de pechez ꝗ de vanitez p
sont cōmis que on ne reuele gueres en cōfession par defaul
te de cōgnoistre ꝗ sauoir toutes les manieres du peche. Et

Le bon confesseur doit bien cercher et enquerir la voie et la manie
re tant du temps denfance et de ieunesse come depuis qlz ont eu aa
ge pfait et se doit faire sagement et cautement ql ne leur donne
point enseignement de faire peche et ne doit pas declarer la ma
niere come il se fait. mais il peut demander cautement et pruden
tement en allant entour le peche sans le descouurir silz ne se des
couuroient eulx mesmes. Car se le confesseur declaroit et des
couuroit les manieres secretes parquoy len peche en ce pes
che: ce pourroit estre cause et occasion au penitent apres sa con
fession de comettre et encheoir en ce maudit peche par tentacios
dyaboliqes ou euocacios de chair. Et de ceste maudite sou
che de luxure sourdent et passent plusieurs brāches. La prime
re est simple fornicatiō qui se comet de psōnes nō liees en sa
cremēt ne par pmesse ou veulx et qui ne sōt point vges mais
autrefois corrūpues. Et ce peche icy est mortel Car come iay
pieca dit. toute oeuure de nature de qlq estat q les gens ou
psōnes soiēt est peche mortel excepte seulemēt lestat de ma
riage. Et dt fornicatio quasi aie necatio. La secōde bran
che est stuprū hoc est illicito virginū defloratio. Cest despu
celler les filles oster et rompre leur vginite et les mettre a la
voie de peche. Car tous les pechez qlz sōt apres a cause de leur
corps ceulx qui les ont mis en voie en sōt cause principale et
participās a tous les pechez qlz ferōt. Le peche icy est moult
grief et mauuais pourtāt ql oste virginite q est vng bien et
vng tresor irreparable et irrecōpensable. Et est vng cas re
serue au plat. La tierce brāche est adulteriū. quasi ad al
teriꝰ thor accessus. Je treuue trois manieres de adultere.
La premiere est de hōme marie auec fēme marice et autre q
a luy. Et est ce cas reserue au plat tāt de la partie de lhōme

côe de sa partie de la fême pource q̃ cest adultere   La secõ
de maniere est dhõe nõ marie auec fême mariee.   La tier
ce est dhõe marie auec fême nõ mariee.Et sachez q̃ adulte
re est si grãt peche q̃ selon la loy anciêne lhõme a la fême
estoiêt fais mourir.cõe no⁹ auõs de muliere capta i adulte
rio.ɤc   La quarte brãche est incestus.Et est icestus affini
um vel cõsanguineoɤ abusus.Cest auoir cõpaignie de sa
parente ou affine cõe de sa mere ou de sa seur ou de sa fille
ou de sa niepce ou de son ãte ou de sa cousine frereur ou ger
maine ou dauctũ de ses parês iusq̃s au cinquieme degre eɤ
clut.Et icy doiuêt estre enq̃s ɤ interroguez les enfãs q̃ tou
chêt ensêble cõe freres ɤ seurs ɤ ceulɤ ɤ celles q̃ en leur ien
nesse y ont couchie.Et les peres ɤ les meres q̃ les y laissêt
coucher sont a blasmer car moult de maulɤ en peuêt venir
Et plusieurs nosêt dire en cfession les dissoluciõs q̃lz ont
faictes ɤ se võt auec ce fardeau en enfer a tousiours pardu
rablemêt.Plusieurs cõfesseurs q̃ en ont trouue qui tout le
têps de leur iênesse auoiêt passe ɤ receu le sacremêt de lau
tel a pasq̃s to⁹ les ans sãs oser cõfesser les dissoluciõs q̃lz
auoiêt faictes en laage de iɤ.ɤ.vi.ɤ vii ans ou plus auec
leurs freres ɤ seurs quãt ilz couchoiêt ensêble en leur ien
nesse.Aussi les bergiez ɤ autes gês gardãs les bestes sont a
enq̃r.r.car moult de maulɤ se fõt en tel seruage ɤdõt ie mê
raporte au bõ cõfesseur dê faire son deuoir   La quinte brã
che est sacrilegiũ Et ce peche icy se cõmet es gês deglise ɤ de
religiõ qui ont receu les saictes ordiesr qui sõt deputez ɤ oɤ
dõnez au seruice de dieu   La sizieme brãche est viciũ ɤtra
naturã.cest pech̃ ɤtre nature.leq̃l se diuise en trois parties
ɤ manieres   Le p̃mier est pollutio diurnalis.qui sappelle

autremēt moticies. ceſt charnelle polució qui biēt a la pſō
ne par ſa ꝓpre ꝓuocació ꝗ de attouchemēs a ſopmeſmes.
Et eſt ce pechē plus grief ꝗ auoir cōpaignie de fēme de ꝗlꝗ
eſtat ꝗlle ſoit ou cōdicion ꝗ fuſt ſa mere ou ſeur ou fēme de
religiō. Et eſt ce cas cp reſerue au pſat Et qui ſi acouſtume
ꝗ obſtine en ce pechē le diable le fait tātoſt trebucher en plu
ſieurs autres pechez ſibillains ꝗ ſi enozmes ꝗ aucū ne les
oſe ne dire ne eſcripre.   La ſecōde maniere de ce pechē cōtre
nature eſt polutio nocturnalis. Et ceſte peut aduenir a la
pſōne en pluſieursmanieres   La ꝓmiere ſi eſt ſeule diſpo
ſició deue par quop nature ſe allegiſt ꝗ deſcharge en doz
māt de ſes ſuperfluitez naturelles par le cōduit ordōne a
ce faire ꝗ ceſte polucion neſt pas pechē mais ꝗ au reſueiller
on en ait deſplaiſāce   La ſcōde eſt quāt polucion biēt pour
cauſe dancū regard ou billaine pēſee precedēte le dozmir.
Et par ce regart ou pēſee la fantaſie ſe eſmeut a ſonger en
dozmāt ꝗ ſēble quon acōpliſt le fait auec ꝗlque pſone ꝗ par
ce ſēſupt la polució. Et cōbiē quō ne pechē nul tēps en doz
māt pource que tout pechē eſt bolūtaire toutesſois telle po
lució eſt dāgereuſe pour la mauuaiſe pēſee dōt elle eſt cau
ſee par deuāt ſe la deſplaiſāce np eſt grāde cōe iap dit. Car
ſe plaiſāce ꝗ delectació bolūtaire p eſt il neſt poit a doubter
que ce ne ſoit pechē moztel.   La tierce maniere ſi eſt quāt
polució nocturnalle biēt a la pſōne par trop boire ꝗ mēger
ou par eſpices ou electuaires ꝗ cauſēt chaleur ꝗ eſmouuēt
mēt en la chair ꝗ les hnmeurs par quop aucūesſois ſēſupt
polució. Et peut eſtre le pechē ou moztel ou beniel ſelō ce ꝗ
la boulēte ſi cōſēt cōe iap dit deuāt ꝗ ſen doit on cōfeſſer et
pozter penitāce   La quarte maniere eſt quāt par illuſiō de

lennemy ou du mauuais efpit q̃ en doꝛmāt repꝛefēte en la
fātafie ⁊ ymaginaciō de la pſonne ſa Beaulte ou la facoꝝ
daucũe fēme ou ſa fragilite nature ſe eſmeut ⁊ ſēſuit polu
ciō ⁊ ny a autre cauſe ſe la plaiſance ny eſt au reueiller cō
dit eſt. Et ce neſt pas peche moꝛtel:mais touteffois Boꝝ eſt
de ſē ꝏfeſſer ⁊ pꝛēdꝛe penitāce pource q̃lle eſt de lēnemy cau
ſee   La tierce partie ou maniere du peche cōtre nature eſt
auoir cōpaignie de Beſtes mues. Et ce cas eſt treſfoꝛt ⁊ treſ
Billaiꝝ ⁊ abominable a dieu ⁊ au mōde. Et quicōq̃s ſe cō
met il eſt digne de moꝛt corpoꝛelle. Et quāt a lame il eſt re
ſitue au plat a eꝝ faire a ſa diſpoſiciō ⁊ diſcreciō   La quar
te maniere ſi eſt entre les hōmes leſq̃lz ſōt deteſtables/abo
minaciōs ⁊ hoꝛꝛibles facōs ⁊ atouchemens les Bngz auec
les autres q̃ ne ſe doiuēt poit eſcripre ne reciter. Et ſembla
Blemēt des fēmes les Bnes auec les autres cōme deſſus eſt
dit des hōmes. Et pourtāt ie mē rapoꝛte a la Bōne diſcreciō
du cōfeſſeur deꝝ faire ſoꝝ deuoir ⁊ doit enq̃rir ſagemēt ⁊ cau
temēt eꝝ telle maniere q̃ ce ne ſoit poit cauſe de leur apꝛen
dꝛe la Boie de ce maudit ⁊ dānable peche. Et par eſpecial iē
nes hōmes nō mariez ⁊ iēnes filles ſe cōfeſſeur les doit ſa
gemēt ⁊ cautemēt enq̃rir. car il nē eſt gueres depuis q̃ilz ſōt
eꝝ aage q̃ ny facēt deBilains ⁊ aboiables pechez ſilz ne ſōt
mariez iēnes ⁊ encoꝛe eꝝ mariage les iēnes gēs ꝑ ſōt de Bi
lains excez dōt iay grāt hōte dē dire tāt car le peche qtre na
ture eſt ſi hoꝛꝛible abominable ⁊ puāt deuāt dieu que pluſ
ſieurs fois il eꝝ a pꝛis Bēgāce cōc no⁹ auōs eꝝ la Bible des
ciq citez de ſodome ⁊ goinoꝛre q̃ fōdiꝛēt eꝝ abiſme pour for
riBlete ⁊ punaiſie de ce peche. Et pluſieurs autres exēples
auōs no⁹ q̃ ſeroiēt lōgz a racōter. Le Boꝝ cōfeſſeur doit Be

nignemēt remōstrer au penitēt sil nest poīt marie q̃l viue
chastemēt en seruāt dieu deuotemēt en refraignāt sa chair
rudemēt. Et ſil est marie q̃l se porte cōe le sactemēt de ma‑
riage le reg̃ert cōe iay deuāt dit. Et leur doit remōstrer les
remedes q̃ sont cōtre le peche de luxure.   Le p̃mier remede
est aymer dieu du cueur parfaictemēt a despriser le mōde a
les delices dicelup   Le secōd est faire abstinēces a tenir en
subiectiō son ppre corps par aspres bestems a autres affli
ctiōs   Le tiers est ne faire poīt dexcez de boire a de mēger
mais en faire abstinēce a viure sobremēt   Le quart reme‑
de est sop eslōgner des lieux places a mauuaises cōpagnie
ou ce peche est fait a ppetre.   Le cinquieme remede. cest de
pēser a la mort a aussi q̃ ce sera vne fois q̃ le corps q̃ tāt est
enclin a peche. Le sizieme. cest de sop occuper aux iours ou‑
urables a besōgner a a faire tousiours q̃lq̃ besōgne. a aux
festes aller a leglise a aux p̃dicatiōs visiter les malades a
faire les oeuures de misericorde.   Le vii. est ne dōner poīt
lieu es tētaciōs dyaboliq̃s q̃ vienēt tant de iour q̃ de nupt
mais p resister a toute sa puissāce   Le huitieme est se tenir
en sa cōpagnie des gēs chastes. Et se on est tēté nestre poīt
seul. mais aller auec les gēs de biē   Le neufuieme reme‑
de est ne se veoir poīt nu quon soit seul ne manier point ses
mēbres secretz a ne regarder poīt les autres en tel estat car
telles choses dōneroiēt dexeguer occasiō de sop esmouuoir a
ce peche. Et plusieurs autres remedes y sont q̃ ie laisse a la
discreciō du bō cōfesseur leq̃l se doit sagemēt a discretemēt
porter enuers le penitēt en ladmōnestāt tousiours du sau‑
uemēt de sō ame. Decy le texte . Luxuriā fugias cast⁹ sine
crimine fias. Nil dño grātū sit luxurie maculatū. Sis sē

per castus fugiēdo basia tact⁹.Deia Bina dapes loca prō╱
pta quasi labes.Lexpōn est telle que lacteur cōmāde q̃ on
fupe le pcēhe de lupure.car aucũ ne peut estre aggreable a
dieu q̃ soit souillé du pecāhe de lupure ꝓ q̃ on soit chaste ꝓ de
bōne vie en fupāt les baisiers attouchēmēs supɩ aussi opsi
uctez vins viādes delicieuses ꝓ les lieux ꝓ places de pecāhe.
car ce sōt les occasiōs de cāheoir en ce maudit pecāhe.

     Des cɩrcōstances qui aggrauēt les pechez   xx.

a   Pɩes ce q̃ vous auez ouy des sept pechez mortelz de
     chacũ a par soy ꝓ des brāchēs ꝓ racines q̃ en peuēt ve
nɩr ꝓ descēdɩe.ie vueil remōstrer ꝓ traicter les cɩrcōstāces dɩ
ceulx cōe ilz sōt pl⁹ grietz es vnes creatures q̃ es aures car
le cōfesseur quāt il doit le penitēt deuāt lup il doit tout pɩe
mɩeremē̄. regarder sa cōtenāce sil est cōtrit ou nō sil vient
par deuociō ou par cōtraɩnte.sil a bōne volēte ou mauuaɩ
se sil saccuse deuotēmēt ꝓ lopauēmt de ses pechez ou nō Se le
cōfesseur cōgnoist sa maniere de viure ꝓ tout sō fait il lup
peut toucher du faɩt de cōfessiō cōe dessⁱ est dit p ordɩe Et sil
ne le cōgnoist il lup doit pɩmierēmēt demāder sil a tenu nuℓ
les erreurs cōtre les articles de la foy.sil est poɩt en sentēce
de excōmunicaciō.Et sil dit q̃ɩ y est il doit estre enq̃s cōe ꝓ
en q̃lle maniere ꝓ pourquop.Et ne doit poɩt le cōfesseur pɩo
ceder pl⁹ auāt sur le faɩt de cōfessiō iusq̃s a ce q̃ le penitēt se
face deuāt tout absouldɩe ꝓ le plustost q̃ɩ pourra de celup q̃
a la puissāce de absoudɩe ou q̃ a dōne la sētēce se ce nest en
article de mort ou iℓ peut absouldɩe le malade dexcōmunɩ
caciō auāt q̃ le cōfesseur sur telle cōdɩciō q̃ sil garist de celle
maladɩe il pɩa au ꝓlaɩ ou a celui q̃ a puissāce de le absouℓ╱
dɩe pour lui ꝓ faɩre satiffaciō.Et aꝑs q̃ɩ laura absouℓz de

Des circőstances qui aggrauēt les pechez.

lexpcőmunicacioȝ il se peut absouldze de ses pechez ĝl aura
ȝfessez Jtē se le ȝfesseur ne cőgnoist lestat du penitēt il lui
peut demãder sil est clerc ou lap.sil scait sa creāce ou nő Et
sil est clerc il lup peut demãder sil est poit bñficie ou nő de
cure ou de chapelle Sil est poit dauctie religiő ou es ozdzes
de saicte eglise. Et sil est lap il lup peut demãder de ĝlle of
fice ou charge il sētremet ɼ se il est marie ou noȝ . sil est de
lui seigñr ou eȝ seruice dautrup de ĝl pays ɼ de ĝlle parois
se il est ɼ ou il a este nourtp auec ĝlz gēs il a conuerse ɼ des
moure eȝ sa tēnesse. ĝlle coustume de Biure il tiēt ɼ a tenu
le tēps passe. ĝlles deuociős ɼ abstinēces il a przises de sa tē
nesse. de ĝl estat il est ou noble ou marchãt ou bourgois ou
labouteur.ɼ quãt le cőfesseur aura cőgneu sa psonne il lui
pourra faire ses demãdes appartenãtes a lestat de quop il
sera ɼ aura acoustume de Biure. car oȝ doit enĝrir les pzīces
ɼ seigñrs terriēs de iustice cőe ilz lőt soustenue ɼ cőe ilz ont
garde ɼ soustenu le peuple de qui ilz Biuēt.ɼ se ilz leur ont
fait tozt ne esleue auctes noualitez ne subcides autres que
leur dzoit denter. Les cheualiers ɼ gēs darmes doit enĝrir
le cőfesseur de pillerie de rapines ɼ eptozsiős quilz ont fait
au peuple de bateries iuremēs ɼ pariuremēs Blaphemes
ɼ autres choses Les marchãs doit enĝrir des faulp sermēs
ɼ piures ĝlz ont fais. de faulp pois de faulses mesures de
Barat de tricherie de deceptiős ɼ autres choses. Les officiers
des seigñrs ĝlle lopaute ilz ont faicte a leurs maistres.ĝl
ȝseil ilz leur ont dőne de flateries/de pzēdze dős de eptozsi
ons faictes au peuple. Les laboureurs ɼ aussi les gens de
mestier silz ont biē paye lopaumēt leurs dismes ɼ leurs de
miers a leurs seigñrs terriēs.silz ont Bescu lopaumēt ɼ biē

garde les festes.silz ont aymé leurs pchains cōe eulp mef
mes ꝗ plufieurs autres ꝗ̃stiōs ꝗ demādes leur doit on fair
re.Les fēmes vielles ꝗ iēnes les doit on enꝗtir de sorceries
beneissōs sur malades.silz ont poit este houlieres ne ma
querelles de dācer de chāter chāsōs deshōnestes de eulp far
der pigner attourner pour plaire au mōde ꝗ pour attraire
les hōes folemēt.Se elles sōt mariees silz ont poit obey ꝗ
leurs maris silz ont biē garde leur mariage se il ont cha
ste leurs ēfās ꝗ seruās.silz ont desire leur mort ꝗ plufieurf
autres choses.Les clercz on̄ les doit enꝗtir de symonie cōe
ilz desseruēt ꝗ regētēt leurs bn̄fices silz diēt leur seruice cōe
ilz doiuēt ꝗ a l'usaige de leueschie ou est leur bn̄fice silz ont
disperse eꝗ bōnes oeuures les biēs de leurs bn̄fices.silz ont
biēꝗ deuemēt administre les sacremēs de saicte eglise.se ilz
ont porte nulles armes ne nulz vestemēs ou habis deshō
nestes cōtre l'estat de l'eglise.silz ont poit vse de ribauldises
de ieup de dez ne de autres ieup dissolutz ꝗ plufieurs auēs
maulp.Les gēs de religiō sōt a enꝗtir selō l'ordre de quoy
ilz sōt.ꝗ par especial destrois veup de religiō ꝗ sōt obediēce
pourete ꝗ chastete cōe ilz les ont gardez ꝗ des auēs pois de
leur rigle ꝗ autres choses appartenātes a leur religiō. Et
aīsi se doiuēt faire les lꝗsitiōs selō les estatz ꝗ vocaciōs des
psōnes car on ne doit pas enꝗtir vng cheualier des veupde
religioꝫ ne des cerimonies de l'eglise.ne marchans du fait
darmes ne de telles choses:aincois doit lē enꝗtir seloꝫ les
mestiers ou auēs manieres de viure ꝗ la psōne peut auoir
eꝫ ce mōde ꝗ sui traicter tout cōe iay dess⁹dit Et aꝓs des cir
cōstāces ꝗ aggrauēt les pechez pl⁹eꝫvne psōne ꝗ eꝫ l'autre
vo⁹verrez cy aꝓs par le texte La pmiere circōstāce de pechē

est quis. cest adire q̃ le gfesseur doit enq̃rir sil est Biel ou ien
ne hõme ou fẽme fol ou saige clerc ou lap seculier ou reli-
gieup noble ou Bilain marie ou nõ. car le peche est pl⁹grãt
dune Bielle psône que dune rẽne pose le cas q̃lz commissẽt
Bng mesme peche. a du saige le peche est pl⁹ grãt que dun
sot a dun clerc q̃ du lap. a du religieup que dun seculier. La
secõde circõstãce est q̃d. cest adire que on doit dire quel peche
on a fait cõtre dieu ou homicide ou larrecin ou fornicatiõ
ou petit peche ou moyẽ ou grãt ou enozme ou secret ou pu-
Blique car il ne souffiroit pas de dire lap fait homicide ou
meurdze car il fault dire lap tuẽ Bng hõe ou deup ou troys
a fault dire se cest de fait a pẽsee ou p mesgarde ou en trap-
son ou en sop defẽdãt. Aussi le larrõ doit dire lap pris a em-
Ble telle chose atelle a par tãt de fois. car il ne suffiroit pas
de dire lap pris a emble de lautrup/mais il fault dire qbiẽ
a q̃ car cest pl⁹ grãt peche dẽBler cent escus q̃ den einbler
deup ou trois a dẽBler les Biẽs a Bng poure hõe q̃ a Bng ri-
che. ꝛc. Aussi il ne suffiroit poit de dire lap eu cõpagnie dũe
fẽme car il fault dire se elle est marie ou noy pucelle ou de
religiõ ou sa parẽte ou nõ commune ou nõ. car le peche est
pl⁹ grãt en la fẽme marice que en celle q̃ ne lest point. a en
la fẽme de religiõ que en autre le peche puBlique est plus
grãt q̃ le secret. La tierce circõstãce de peche si est Bbi. Cest a
dire quõ doitgfesser ou lẽ a fait sõ peche ou en leglise ou nõ
ou en allãt en Bopage ou en allãt au marche. ꝛc. Car le pe-
che seroit pl⁹grãt en leglise ou au cimitiere q̃ en terre pphã-
ne ou en allãt en Bopage q̃ en allãt au marchie. La quarte
circõstãce de peche si est per quos. Cest adire par quelz moy-
ens il fait son peche ou sil a fait de sop sans moyen. Car

Le peche est pl⁹ grāt quāt trois ou quatre sont coulpables ⁊
moyēs de soŋ peche q̃ sil ny auoit q̃ luy q̃ le fist cōe se ßng
ßōme auoit tueßng autre de fait a pēsee ⁊ il ny auoit q̃ lui
⁊ celuy q̃l auroit tue il ne feroit pas si grāt peche cōe sil a-
uoit mene auec luy deuy ou trois ßōmes q̃ seroiēt coulpa-
ßles de celuy meurdre ⁊ q̃ auroiēt gaigne a mourir cōe luy
⁊ seroit cause de leur mort ⁊ de leur peche. La cinquieme cir
cōstāce de peche si est quotiēs. Cest adire q̃l fault dire quāte
fois oŋ a peche. car il ne suffiroit pas de dire iay eu cōpai-
gnie de fēme se oŋ auoit eu saqpagnie de plusieurs ou plu
sieurs fois dune. mais il cōuiēt dire quātesfois a quātes fē
mes ⁊ de q̃l estat ilz estoiēt ⁊ quātefois oŋ est retourne aƥs
sa qfessiō ⁊ lßcure ⁊ le iour quāt ⁊ cōe ⁊ de to⁹ses autres pe
chez aussi sēblablemēt. La sizieme circonstāce est cur. Cest
pour quoy ⁊ pour q̃lle cause il a fait le peche se ce a este par
tētacioŋ ou nō de soŋ gre ou nō par force ou par supƥ mau
uaise qpagnie. La ßii. circōstāce est quō. cest a dire q̃l se doit
cōfesser eŋ la ƥpƥe forme ⁊ maniere cōe il a fait ⁊ cōmis sō
peche sās polƥ lāgaige ⁊ sās eƥcusaciō. Cōe celle q̃ disoit.
ßelas sire iay este couuerte pl⁹ de cēt fois de la robe dū pre
stre ⁊ nosoit dire q̃ le prestre sust dedēs sō lit q̃ auoit eu plu
sieurs fois sa cōpaignie. Telle cōfessiō neßaloit riēs ains
estoit dāgereuse. car cestoit pour deceuoir le cōfesseur ⁊ elle
mesmes. La ßuptieme circōstāce est qñ. cest adire q̃l fault di
re quāt ce fut quō fist le peche sil estoit dimēce ou iour de fe
ste ou nō. sil estoit ieune ou nō. se cestoit a ßeure quoŋ diso.t
la grāt messe ou maties ou aulrs ßeures du seruice de segli
se ou nō ⁊ plusieurs autres circōstances pour aduertir les
pecßeurs: car par faulte de biē encßercßer les perniciens plu

sieurs pechez enormes ҁ vilains demeurēt q̄ iamais ne sōt
cōfessez dōt cest grāt dāgier ҁ grāt pechе̄ tāt pour les cōfes٠
seurs q̄ pour les penitēs. Uecy le teyte de ces huyt circōstā
ces deuāt dictes. Quis/qd/vbi/per/quos/quotiēs/cur/quō
qñ.Dinsibet obseruet anime medicamina dando. Leypoη
est assez desclairee par les choses deuāt dictes. Ie treuue en
core selō lopiniō des docteurs.yiiii.circōstāces de pechе oul
tre les huyt q̄ iay desclairees lesq̄lles sōt le pechе plᵒ grief
es vngz q̄ es autres.   La premiere est ordo.cest adire q̄ ce
luy q̄ a receu les saītz ordres de leglise fait plᵒ grāt pechе
q̄ celuy q̄ nē a nulles receues.ҁ le religieuy fait plᵒ grant
pechе q̄ le seculier posele cas q̄lz feissēt vng mesme pechе de
luyure pour la cause de veuly q̄l a fais La secōde circōstāce
est locᵒ.cest adire le lieu.car oη fait plᵒ grāt pechе de cōmet
tre aucū pechе mortel eη leglise ou autre lieu saīt q̄ aileurs

   La tierce circōstāce est scientia.car le pechе est plᵒ gref eη
celuy q̄ a sciēce ҁ scait biē que cest pechе q̄ eη celui q̄ est igno
rāt ҁ ne le cōgnoist pas si biē   La quarte circōstāce est tē٠
pus.car ceuly q̄ sōt pechе eη la quarātaine/es quatre tēps
es vōnes vigilles ҁ es festes sōt plᵒ grāt pechе q̄ eη autres
iours.car les iours sōt dediez ҁ ordōnez pour totasemēt ser
uir a dieu ҁ nō pas a pechе.   La cinquieme est etas.car le
viel hōme q̄ seroit luyurieuly ou orgueilleuy ҁc.pecheroit
plᵒ que le iē̄ne: La siyieme est cōditio.car il fault dire sa
faculte ҁ cōdicioη.Le riche quāt il seroit larroη ou trop cou
uoiteuy/ou touldroit a autruy se٠sieη seroit plᵒ grāt pechе
que le poure ҁ le marie q̄ le nō marie   La septieme est nu
merus.car celuy qui fait grāt nōbre de pechez pechе plᵒ que
celuy q̄ nē fait q̄ vng ou deuy.Unde psaias.Quū vilis fa

cta est nimis iterāt vias suas.id est pctā   La huytieme est
copia car les auaricieux sōt de telle nature que silz auoiēt
plaine maisō dor encore en vouldroiēt ilz auoir pl° grant
multitude lamoitie. Et les gloutōs qui veulent auoir dix
ou douze platz de viādes. Les luxurieux qui to° les iours
vouldroiēt auoir changemēt de fēmes car la couuoitise est
pl° grāt peche au riche q̄ au poure. a la luxure en plusieurs
fēmes q̄ en vne. Et semblablemēt de to° autres pechez mor
telz.   La neufuieme est mora. car celup q̄ demeure long
tēps en sō pechie peche pl° que celup q̄ tātost se cōfesse a scit
penitāce   La dizieme est causa. cest quō doit q̄f sser sa ccu
se pour quop le peche a este fait. ou par suggestion ou par
voulēte deliberee ou par cōpaignie ou p soy mesmes   La
onzieme est modus i culpa. car il fault descharger sa coul-
pe en disāt sa maniere de son peche a q̄lle coulpe on peut a-
uoir au peche des autres pour les auoir attiraiz a peche.
La douzieme est stat° a. t°. car to° ceulx q̄ sōt en hault estāt
pechēt pl° que les mēdres   La trezieme est psona. car selō
la psōne le peche est pl° grief ou mēdre   La quatorzieme
est lucta pusilla. cest adire auoir pou de resistāce contre les
pechez a tētaciōs q̄ lup viēnēt. Decy se texte de ces.pu.i.cit
cōstācs dessus declarees. Aggrauat ordo loc° pctā sciēia
tēpus. Etas cōditio numer° mora copia causa.
Est modus iy culpa stat° alt° persona lucta pusilla

u   Dus auez ouy des sept pechez mortelz a circonstan
      ces a dependences diceulx. si est necessite de parler de
restitucion satiffaciō a penitāce. Car il ne suffit ci pas da
uoir cōtricion de ses pechez a aussi de ses q̄ester diuotemēt

au preftre côe deffus eft dit fe ces trois poîtz ny eftoiêt.car
ceft la clef du facremêt de côfeffion q satiffaciô de ce q on a
eu de fautruy ou de tout ce q on a meffait z apresprêdre hû
ble penitâce z la faire en grât deuociô z defplaifance de fes
pechez auec ppos zBoulête de fe abftenir de pecher eu têps
aduenir. Si Bueil dôc pmieremêt pfer de restitucion z de fa
tiffaciô. car ce neft qBne mefme chofe z dire lefqlz font ten⁹
a faire restitucion z satiffaciô. Je treuue felon les docteurs
iy.manieres de gens q font ten⁹ a faire restitucion felon le
droit canô. Les premiers font ceulx q dônêt côfcil côfort z
aide ou q cômâdêt a leurs fubiectz faire larrecins/pilleries
toutes mauuaifes exactiôs extorfiôs z mêgerie fur le peu
ple. Et les feignrs q fouftiênêt leurs recepueurs fergês z
autres officiers prêdre dôs ne autres chofes oultre le droit
denier ou ceulx q eulx mefmes le prênêt. To⁹ ceulx cy doi
uêt faire restituciô z feignrs zBarletz felô lefcripture. Les
fecôdz q doiuêt faire restituciô font les côfentans z partici
pâs du farrecî meurdre ou autre chofe. Car la lop dit. Agê
tes z patiêtes pari pena puniâtur. Les tiers font q doiuêt
faire restituciô larrôs/pillars/ioueurs de dez z de quartes
z de to⁹ autres ieux de deceptiô . Les meurdriers/Bioleurs
de filles/z ceulx q mettêt hors les fêmes de religiô de leur
monaftere/ou q cfeillêt a autruy faire peche z les Bfuriers
Et pour parler de la restitucion q les larrons doiuêt faire.
ceft de rêdre totaſemêt ce qlz ont emble a autruy.car côe iap
dit deuât. Nô dimittit petîm nifi restituatur aBlatum. Et
filz nont de quoy rêdre ilz doiuêt faire feur pouoir z Bail/
ler ce qlz ont Bailfât . Et au fourpſus mettre peine a feur
pouoir de gaigner z rêdre iufques atât quilz aiêt restitue z

rēdu ce q̓lz ont de lauttruy. Et ſe autremēt le ſõt eꝛ la chaꝛ
ge de leurs ames τ de leurs cõſciēces ſera. Les pillars doi
uēt rēdꝛe tout a ceulx a q̓ ilz ont pille ſilz eꝛ ont ſouuenã
ce Et ſilz ne lõt la mettre eꝛ oeuures de miſericoꝛde τ de cha
rite ſeloꝛ loꝛdõnãce τ cõſeil du bõ cõfeſſeur. τ ſilz nont de
quoy ilz doiuēt faire cõe deſſus eſt dit des larrõs. Les iou
eurs de dez de quartes τ de to⁹ autres ieux de deceptiõ τ de
haſart doiuēt faire reſtitucioꝛ a partie ſilz ont deceu abuſe
mener iouer par leur deceptiõ Et ſil eſt haſardeur cõe eulx
ilz doiuēt faire reſtituciõ eꝛ le mettãt eꝛ oeuures de charite
τ de miſericoꝛde ſelõ le cõſeil du ꝗfeſſeur. Car ilz ny ont rtē
Et ſilz nõt de quoy ilz doiuēt faire cõme deſſus eſt dit. Les
meurdries doiuēt faire reſtituciõ coꝛps pour coꝛps mēbꝛe
pour mēbꝛe τc. ſelõ la loy de iuſtice mais ſe iuſtice nē ſcait
rtē τ ilz ſeꝛ cõfeſſēt ilz doiuēt faire reſtituciõ. ſicõme ſõder
meſſes ou ſeruices pour le treſpaſſe ou autres oeuures de
charite ſeloꝛ loꝛdõnãce τ conſeil du bõ cõfeſſeur. Et eſt ce
cas reſerue au pꝛelat. Et ceulx q̓ ſõt meurdꝛe ſur les enne
mys du ꝛoyaume doiuēt faire reſtituciõ cõe la bõne diſcre
ciõ du ꝗfeſſeur loꝛdõnera car il eſt eꝛ la cõſciēce du penitēt
τ du ꝗfeſſeur. Et aucũs ueulēt dire q̓ ceſt cas reſerue. nõ ob
ſtãt q̓lz ſoiēt ennemis du ꝛoyaume. touteſſois ceſt grãt cho
ſe de deffaire τ deſtruire la pſõne faicte a la ſēblãce τ ymai
ge de dieu puis q̓lz ſõt ꝗꝓtiens. Car de tuer les ſarraſins τ
payēs eꝛ bataille τ eꝛ guerre neſt poĩt peche. mais des cre
ſtiēs ſi eſt. Les uioleurs de filles ne peuēt iamais faire re
ſtituciõ. car ilz ne peuēt iamais la fille faire deuenir pucel
le. mais peuēt biē faire ſatiffaciõ par penitãce ſelõ loꝛdon
nãce du ꝗfeſſeur. ou ſe la fille eſt cõmune a pecher trouuer

maniere de la retraire z luy dōner de quoy ſiure ou la ma
rier ſelō ce q̃ le bon cōfeſſeur aduiſera. Ceulx q̃ mettēt fem
mes de religiō hors de leurs monaſteres les y doiuēt reme
ner z faire du default telle penitāce q̃ elle ſera cōuenable .
Et ſe la religieuſe neſt pl⁹auec eulx mettre peine de la q̃rir
z de la ramener cōe dit eſt. Et ſilz ne la trouuēt ou q̃lle ſoit
morte doiuēt faire telle ſatiffaciō cōe le cōfeſſeur ordōnera.
car ceſt cas reſerue au prelat. Ceulx q̃ dōnēt attrait z mau
uais cōſeil de faire peche doiuēt faire ſatiffaciō en les retrai
ant de peche a leur pouoir auec penitāce faicte en grāt deſ-
plaiſāce de leſauoir ainſi cōſeilliez en leur cōſeillāt le ſalut
de leurs ames quāt ilz les berrōt faire aucūs pechez z au-
tres bōnes oeuures q̃ luy ſerōt baillees a la diſcreciō du bō
cōfeſſeur. Les uſuriers doiuēt faire reſtituciō z ſatiffaciō
publiq̃ en faiſāt crier par toutes les billes z billages ou ilz
aurōt haāte z cōmis le peche duſure q̃ to⁹ ceulx z celles de q̃
ilz aurōt pris retribuciō en leur preſtāt ble/or/argēt ou au
tre choſe q̃lz biēnēt par deuers eulx. Et ſe ilz ſōt mors doi
uēt ſatiffaire a leurs heritiers ainſi diſāt q̃l leur ſera rēdu
ce quon a eu par uſure diceulx. z eſt cas reſerue au p̄lat. Et
ne doit poīt luſurier eſtre enterre en tre benoiſte quant il eſt
mort ſās le cōgie du prelat ſe luſure eſtoit publiq̃ z maniſe
ſte. La quarte maniere de ceulx q̃ doiuēt faire reſtituciō ce
ſōt ceulx q̃ ſeuffrēt faire le mal cōe les peres z les meres q̃
laiſſēt faire mal a leurs enfās/les maiſtres z maiſtreſſes
z leurs ſeruās les grās ſeign̄rs a leurs ſubiectz/les iuges
z ſergēs aux malfaicteurs. To⁹ ceulx cy doiuēt faire reſti
tuciō du mal q̃ eſt fait ſoubz eulx z ne beulēt faire correcti
on. Et auſſi ceulx q̃ achetēt les pillages ou qui recelēt les

malfaicteurs doiuĕt auſſi faire reſtituciõ La .v. maniere eſt
de ceulx q̃ nĕpeſchĕt poit de mal faire ⁊ ſeuõt a coſte faiſõt
ſĕblãt de nĕ ſcauoir rien ⁊ de nĕ veoir riĕ de q̃lq̃ peche moꝛ
tel q̃ ce ſoit. car ſe no⁹ voyõs nr̃e frere cõe dit leuãgile no⁹ le
deuõs coꝛriger ⁊ repꝛĕdꝛe ou autremĕt no⁹ pechõs ⁊ ſõmes
cauſe de ſõ peche. Et ſil ne fait reſtituciõ no⁹ ſõmes ten⁹
de la faire ſe no⁹ voulõs viure ſelõ dieu La ſizieme manie
re ſont ceulx q̃ dõnĕt cõſeil aide ou cõfoꝛt de faire pechie ou
q̃ participĕt aux larrecins ⁊ malfacõs. La ſeptieme manie
re eſt de ceulx q̃ ne diĕt pas a la iuſtice tãt degliſe q̃ de court
lape le mal ⁊ peche quãt ilz le voiĕt faire ⁊ celui q̃ le fait ne
ſen veult chaſtier pour luy dire ou remonſtrer. Car de tous
les maulx q̃l fait celup q̃ les recele eſt coulpable ⁊ tenu a
ſatiſfacion. La huptieme maniere eſt de ceulx q̃ diĕt aucun
mal a toꝛt ⁊ ſãs cauſe par leur mauuaiſtie de lãgaige ſur
la võne renõmee dautruy cõe pluſieurs font ⁊ depiecent ⁊
ſeparĕt par leurs mauuais lãgaiges mariages dont ceſt
grãt peche Et telz gĕs doiuĕt faire ſolĕnelle ⁊ publiq̃ ſatif
faciõ deuãt tout le monde deuant ceulx ou ilz ont dit leurs
mauuaiſes parolles ou a la poꝛte de legliſe deuant tout le
mõde eulx deſdire ou autre choſe faire ſelõ la diſpoſitiõ
du võ cõfeſſeur. La ix. maniere eſt de ceulx q̃ mettĕt empi
rãce au vin ou q̃ ſemĕt par hapne en la vigne dautruy meu
uaiſe ſemĕce apꝛes q̃ la võne eſt ſemee. ou q̃ empirĕt les vi
gnes ou les arbꝛes par poiſõs ou en aucũe autre choſe fai
re empirãce pour faire deſplaiſir a autruy ou empeſcher au
cũ võfice ſecretemĕt q̃ aucun ne ſait a q̃ par dꝛoit ⁊ raiſõ il
deuſt eſtre. ou aucũe debte ou aucũ gaïg ou faire pdꝛe p ſoꝛ
ce de plaider vne cauſe a autruy. To⁹ ceulx q̃ ſont telz cas

doiuēt faire reſtitucion ſont ten⁹ſa faire a ceulṗ a q̃ ilz ont
fait telles eꝑtorſiōs/ou iamais ſauuez ne ſeront. Oꝛ pꝛeñ
gñe garde le cōfeſſeur ꞇ ne ſoit point fauoꝛable a ſa pſône
aſꝼ꞉ꝙ q̃lz neboiſēt to⁹ deuṗ eñ enfer. Car ſil ne fait ſon deꝫ
uoir deꝫ faire ſa plaineꝟerite au penitent iſ ſe dāne ꞇ dāne
le penitēt car leuāgile dit. Si cecus cecū ducat ābo ĩ ſoueā
cadūt   Ueeṗ le teṗte de ce pñt chapitre. Juſſio cōſilũ nõ
oꝑſtās nõ manifeſtās. Participās mut⁹ conſēſus latro re
curſus. Leṗpōñ eſt telle. Juſſio. ceſt adire celuṗ q̃ cōmande
faire larrerĩ ou autre peche. Cōſilū. ceſt adire qui cōſeille
ꝟõ oꝑſtās.celuṗ q̃ ſeuffre faire mal. Nõ manifeſtās.celuṗ
q̃ ſecretemēt met empirāce eñ q̃lꝗ choſe.Participās.celuṗ q̃
participe a la male facoñ.Ꝡutus.celuṗ q̃ ne ꝟeult reueler
le malfaicteur a iuſtice. Cōꝼeſus celuṗ q̃ cōſēt le mal eſtre
fait.Latro celuṗ q̃ fait le larrecĩ. Recurſus. celuṗ q̃ recele
le malfaicteurꞇo⁹ ceulṗ cy doiuēt faire reſtitucion ꞇ ſatiſ
facioñ ſeloñ le cōſeil ꞇ orðõnāce du boñ cōfeſſeur.

De penitance.   ṗṗii.
a   Pꝛes que ꝟo⁹ auez ouṗ de reſtitucioñ ꞇ ſatiſſacioñ ie
         ꝟueil parler de penitāce. Et eſt aſſauoir que ſeloñ le
dꝛoit canõ fut anciennemēt tauṗe ꞇ iugie pour ꝟng chacũ
peche moꝛtel ſept ans de penitance pour recouurer les ſept
ðōs du ſait eſpit q̃ par peche moꝛtel ſont perdus.mais les
ſainctz peres ꞇ autres ſeigñrs degliſe eñ conſiderāt ce q̃ no
ſtre ſeigñr dit. Nolo moꝛtē pctōꝝs.ꞇc.ṗ ontꝟoulu modeꝛer
ꞇ pouruoir:ꞇ auſſi pour euiter au pecheur deſeſperance:car
pluſieurs quāt ilz eñ euſſent fait ꞇ cōmis troṗs ou quatre
pechez moꝛtelz ſe feuſſent decouragez ꞇ euſſēt dit. que ie na
uroie pasacheue ma penitāce eñ maꝟie ie apꝛcroie micuṗ

estre dãne que la faire si grãde. Et pour telles causes ç au
tres plusieurs ͷ lõgues seroiẽt a racõter ͷ ont voulu pour
uco.t de remede affiͷ ͱ aucũ ne se peust epcuser de faire pe
nitãce ç de seruir a dieu pour la saluaciõ de sõ ame. Et ont
voulu les sainctz peres ç seigñrs de leglise cõe dit est ͱ les
cõfesseurs ͱt ilz aurõt ouyp ç escoute les pecheurs de leurs
pechez voire eͷ cõfessioͷ. ç ilz aurõt veu leur cõtricioͷ deuo
cioͷ ç bõne voulẽte ilz leur puissẽt bailler penitãce/ou grã
de ou petite seloͷ leur aduis ç bõne discrecioͷ. Et aussi se
loͷ la quãtite des pechez ͱlz auroiẽt faiz pour la grãdeur
du peche ç seloͷ lestat de la psõne soit forte ou fieble ou ie
ne ou vieille.ɔc. Car il fault ͱ la discrecioͷ du cõfesseur iu
ge de ces choses cy car pl⁹ grant penitãce est deue au fort ͱ
au fieble ç au iẽne ͱ au viel. ç a celuy ͱ na põt de cõtriciõ
ͱ a celui ͱ eͷ a assez eͷ leur cõseillãt tousioursde ne retour
ner pl⁹ a peche mais ͷ resister iour ç nupt a leur puissance
car mieulp vault ç est plus plaisãt a dieu faire abstinence
de peche que de voire ou de mẽger. Et se le confesseur doit a
icculp remẽstrer pourtãt se oͷ ne baille pas sept ans de pe
nitãce cõe dit est ç cõe oͷ souloit faire anciẽnemẽt si fault
il ͱlle soit faicte eͷ lautre mõde cestassauoir eͷ purgatoire
car la saincte escripture le tesmoigne.ainsi se elle nest amẽ
dꝛie eͷ ce mõde ou par les biẽs fais quoͷ ͷ fait cõe ieunes/
oꝛaisõs/omosnes/pelerinages gaigner idulgẽcɩs ç pdoɩs
ottꝛoyez des saitz peres de rõme ç deusñt ipetrez toutes ces
choses cy amẽdꝛissẽt les penitãces ͱ seroiẽt faictes eͷ cy
purgatoire. Et doit le cõfesseur ainsi dire au penitẽt. Moͷ
amy ou mamye tu as fait ç cõmis cõtre la voulẽte de dieu
ç son cõmandemẽt telz ç telz pechez dont pour chacũ peche

mortel se tu ieunois en ce mõde par sept ans to⁹ les iours
en pain ⁊ en eaue nuz piez ⁊ en lâge ⁊ veſtir la haire/a giãt
peine feroies tu satiſfaciõ ⁊ penitãce diceluy peche mortel.
Oʒ regarde tu en as cõmis tãt ⁊ tãt tu en dois auoir grant
deſplaiſãce. Et en ce diſãt se doit eſmouuoir a deuocion de
faire doulſetiers ⁊ de bõ cueur penitãce. Et puis luy doit di
te mõ amy a faire ſi grãt penitãce en ce mõde ta vie ne ſuf
firoit pas:car tu es de tel aage tu ne as pl⁹ a viure en bõne
pʃperite ꝗ tãt ⁊ auſſi nature humaie eſt ſi tẽdʒe ꝗlle ne ſau
roit poʒter ſi grãt fais ſãs cheoir en maladie ou trop grant
fieblesſe. mais tu pʒas au pas gñal en tel lieu ou tu feras
purgie du reſidu de tes penitãces ꝗ tu deurois faire en pur
gatoire ⁊ iuneras telz nõbʒes de vẽdʒedis ou dautres iours
⁊ diras telles oʒaiſõs ⁊ feras telles deuociõs ⁊ telles. Et
ouſtre ie tottʒope ꝗ toutes les idulgẽces ⁊ pardõs a toy dõ
nez ⁊ ottʒopez par les ſeigñrs pʃlatz de ſaincte egliſe en ꝗlꝗ
lieu ꝗ tu iras te puiſſẽt amẽdʒir ta penitãce au feu de pur
gatoire. Et toutes les omoſnes patiẽces aduerſitez ieunes
oʒaiſõs ⁊ to⁹ autres biẽſfais ꝗ tu feras ⁊ pourras faire ie
les te baille pour penitãce ⁊ en remiſſiõ de tes pechez p telle
cõdiciõ ꝗ ſil demeure aucũe choſe de ta penitãce afaire apʃ
ta moʒt:elle puiſſe eſtre acõplie en purgatoire ſelõ la iuſti
ce ⁊ miſericoʒde de dieu. Ceſt la maniẽ cõe le cõfeſſeur doit
parler quãt il a baille la penitance au penitẽt. Mais pour
venir a pʃler de la facon ⁊ maniere cõe on doit bailler peni
tãce a chũn pecheur ⁊ ſelõ ce ꝗ le teʒte de ce pʃnt chapitre dit
il fault faire cõe le medecin coʒpoʒel. Cõtraria cõtrariis cu
rãtur.car il fault bailler en penitãce le ꝗtraire de peche.cõe
auy oʒgueilleuy il fault bailler en penitãce humbles oʒai

sõs/ĥũbľes deuociõs/obeir a cĥũ/laiſſer leurſtatz mõdalz
a pēſcr de ſame. Aux enuieux fault bailler a auoir cĥarite
a amour auec tout le mõde/ĥâter a cõpaigner en biē ceulx
ſur q̃ on a ēuie/ſoy deſdire du mal q̃ on a dit par enuie a au
preiudice dautruy. Cõtre le peche de ire fault enioldre en pe
nitãce q̃ľz aiēt paciēce en toutes choſes/q̃ľz ne parlent gue
res/q̃ľz ſuyēt ceulx auec q̃ ilz pourroiēt faire noiſes a ten/
ſõs/q̃ľz ne iurēt ne maulgreēt ne tēcĥēt/q̃ľz reqerēt a demã
dēt pardõ a leurs ĥayneurs a q̃ľz ayēt amour enſēble Aux
auaricieux fault bailler en penitãce q̃ľz donnēt omoſnes a
to⁹ ceulx qui Berrõt auoir neceſſite quilz ſoiēt cõtēs de ce q̃
dicu leur dõne a q̃ľz aiēt ſuffiſãce/q̃ľz gardēt les ſrſicesq̃ľz
ſoiēt Boulētiers au ſeruice de legliſe aux ſermõs a pdicati/
ons/a ſilz ont de lautruy aucũes choſes par q̃lq̃ maniere q̃
ce ſoit:q̃ľz le rēdēt Aux pereſſeux leur fault bailler en peni
tãce q̃ľz ſoiēt diligēs de tout biē faire a fuyr le mal/daller
en Boyages a peler:ages/daller to⁹ les iours ou le plⁱ ſou
uēt a legliſe au ſeruice de dieu/daller Biſiter les malades/
deulx leuer matin/a de beſõgner fort auec toute leur puiſ/
ſãce a legieremēt a la tēporalite pour gaigner leur Bie ĥõ/
neſtemēt. Et aux luxurieux fault dõner en penitãce q̃ľz ſe
cõtiēnēt/q̃ľz marcerēt leurs corps par icunes abſtinences/
par aller nuz piez en ľage Beſtir la ĥaire/q̃ľz fuiēt leſblieux
a les places ou ilz pēſēt q̃ le peche ſacõpliroit q̃ľz ayēt de
uociõ en leurs cueurs/a autres telles choſes. Aux gloutõs
fault bailler en penitance quilz ieunēt facēt abſtinence de
Boire a de mãgier Biandes exquiſes a delicatiues a Bins de
licieux fuyr/a autres pluſieurs penitances quon pourroit
dõner a bailler ſelõ la diſcrecion du cõfeſſeur qui lõgue cho

se seroit a reciter ⁊ men raporte du seurpl⁹ au iugemēt des
Bōs ꝗfesseurs. Touteffois il est biē a noter ꝗ le confesseur
ne rēuoȳe pꝛꝭ se penitēt mal contēt de deuāt luy ou pour
trop grāde penitāce ou pour trop rudemīt ꝑler ou pour ꝗlꝗ
autre chose:ains le ꝗfesseur le doit ꝓailler ⁊ luy demāder se
la penitāce ꝗl lui a baillee lui plaist ⁊ agree biē ⁊ selle nest
a son plaisir ꝗ il luy en bailleraẇne autre. Car ꝗ leur bail
seroit oultre leur gꝛe ilz la pourtoiēt laisser ⁊ par ce seroit
ẇng grāt peche pl⁹ mauuais ꝗ deuāt. Sequꝛꝭ teẇt⁹. Appo
nas igiꝛ ꜹe contraria moꝛbis. Proꝑꝛꝭa dꝰt cupiduꜱ/se ca
stret luxuꝛꝭofuꜱ. Inuidie ꜱꝰnoꝛē depone fupꝰe tꝛꝭnoꝛē. So
bꝛꝭetaꜱꝗꝫ gulā patiētia cōpꝛꝭmat iꝛā. Amouent lefuꜱ rāco
rē tedia meꜱtuꜱ. Pot⁹ aꝗ ꝛedimat excessus ebꝛꝭetatis. Car
nis delicias caꜱtiges ẇga fꝷagellaꜱ. Vt Bꝝ penitcat abla
tū pꝛꝭedo reponat. Lexpōn est assez declairee par les choses
deuāt dictes.   De reiterer cōfession.   ꝓꝓꝯꝭ.

p   Dis que ẇo⁹ auez ouȳ cōme on doit faire restitucion
      fatiffacion ⁊ penitāce:il cōuient dire ⁊ remonstrer se
cōfession se doit faire pl⁹ dune fois dun̄ mefme pechě. Et ie
treuue felon loppinion de plufieurs docteurs ⁊ Bōs confes
feurs ꝗ depuis que le penitēt sest cōfesse de son pechě quelꝗ
pechě que ce soit a cōfesseur ȳdome ⁊ fuffisāt ⁊ qui ait puis
sāce de labsouldꝛe il nest iamais necessite de le recōfesser a
ẇng autre mais quon ait bꝛē fait la penitance en temps ⁊
en lieu cōme le confesseur lauoit enchargie . Touteffois ie
treuue en plufieurs manieres ꝗl est de raison ⁊ de necessite
ꝗ cōfession soit reiteree nō obstāt que il ait este confesse ẇne
fois ou pl⁹.   La premiere maniere puorquoȳ le pechě se
doit recōfesser si est:se on sestoit cōfesse aẇng pardon ou ail

seurs a vng cabuscur q̃ ne fust point preſtre:cōe autrefois
a eſte trouue en aucūs qui deſſeruoiēt es cures a pluſieurs
pardōs q̃ point neſtoiēt preſtres ꝗ le faiſoiēt pour gaigner
argēt en ce mōde ꝗ apres la mort enfer. To⁹ ceulx q̃ a telz
gēs ſe cōfeſſēt ou ſe ſont cōfeſſez ſe doiuēt recōfeſſer a leur
cure/ou a celup q̃ a la puiſſāce de les abſouldre.   La ſcōde
maniere eſt quāt on ſe gfeſſe a vng preſtre q̃ neſt pas ſon p
pre preſtre ceſt adire ſon cure q̃ a la cure de ſon ame ou ſon
chapelain qui dicelup cure eſt licētie ꝗ a puiſſāce de abſoul
dre.car ſil ſe cōfeſſe a vng autre preſtre ſãs le cōgie dud cu
re ou chapelain le preſtre lup doit enioīdre quil ſe cōfeſſe de
rechief a ſon cure ou chapelain. Touteffois le ꝓpre preſtre
ou cure peut eſtre entēdu en ſix manieres.   Premieremēt
peut eſtre entēdu par le ꝓpre p̄ſtre le paſteur de legliſe ceſt
aſſauoir le pape   Secōdemēt par la determinaciō du ſu
perieur cōe le vicaire   Tiercemēt par priuilege apoſtoliꝗ
    Quartemēt par la ſētēce du ꝓpre cure pourueu q̃l ne dō
ne point licēce dabſouldre ſi nō a pſōnes ſaiges hōneſtes
cōgnues ꝗ biē renōmees   Quintemēt par neceſſite cōe en
article de mort.car chacū preſtre peut abſouldre   Et ſixte
mēt quāt ſon ꝓpre cure eſt ſot ou idiot ou reuelateur de cō
feſſiō en ꝓuocāt ſes parroiſſiēs a pcche:adōc ſe pourroit on
gfeſſer a autre apāt auctorite   La tierce maniē pourquop
on doit ſa cōfeſſiō reiterer eſt quāt on ſe cōfeſſe a vng pre
ſtre cure ou nō q̃ eſt irregulier ītердit ſuſpēs excōmunie ſi
moniaꝗ ou deſgrade de ſes ordres pour aucū cas q̃l auroit
fait.car depuis q̃ vng preſtre a cōmis aucū des cas deſſuſd
il a perdu la puiſſāce dabſouldre iuſꝗs a ce quil ſoit remis
ꝗ q̃l ſoit pareillemēt reſtitue de ſō prelat a ſon p̄mier degre

e estat ainsi q̃l est acoustume de faire   La quarte manie=
re est quãt on sest cõfesse si couuertemẽt quõ na pas dõne a
entẽdre a sõ cõfesseur le ppre fait de sõ peche ꝗBice cõme
fõt ceulp ꝗ se cõfessent de cõfessiõ polic ꝗ forgee ꝗ ne diẽt
pas le grãt mal ꝗ est au fõs de leur cõsciẽce. Telle cõfessiõ
ne Bault riens mais est dãnable ꝗ se doit reiterer auant au
iourdhup que demain en disãt la forme ꝗ maniere cõme il a
fait le peche. La cinquieme maniere est quãt on a cõfesse a
sõ cure Bng grãt cas duquel il nẽ peut absouldre ꝗ fault
ꝗl lẽuoie a leuesque ou a sõ cõmis a ꝗ il doit cõfesser sõ
peche. La sizieme maniere est quãt on est certain quõ sest cõ
fesse aBng prestre ꝗ nest pas assez sciẽt pour cõgnoistre la
quãtite ꝗ qualite de sõ peche ꝗ ꝗ na pas la sciẽce de biẽ sa=
uoir dõner le bẽfice dabsoluciõ. Et pource fault il aller a
Bng pl⁹ sciẽt ꝗ doit redire ꝗ cõfesser to⁹ ses pechez   La se
ptieme est quãt on a oublie sa penitãce ou quant on sa laif
see a faire. ou quõ ne la daigne faire adõc se fault recõfesser
en di⸗ãt iauope oublpe ma penitãce/ou ie lauope laissee, ou
ie ne lap daigne faire p ma mauuaise Bolẽte. La huptieme
est quãt on rẽchoit en icelup mesmes peche quõ a confesse ꝗ
doit lẽ dire ie men estoie confesse autrefois ꝗ auoie pmis a
mõ cõfesseur de np retourner poit ꝗ ie p suis retourne cõme
mauuais chrestiẽ. La ix. maniere est pour auoir pl⁹ grant
merite pour cause de la hõte quõ a de redire plusieurs fois
ses pechez en cõfessiõ car la hõte quõ adauoir aisi cõmis pe
che cõtre la Boulẽte de dieu si est grant partie de penitance.
La dizieme maniere est pour auoir pl⁹ grãt horreur ꝗ des=
plaisãce de ses pechez. car quãt on se cõfesse souuẽt de to⁹ ses
pechez ꝗ lõ en prẽt penitãce il est tout certain sãs doubte ꝗ

que on en a pl⁹ grāt horreur τ defplaifāce den faire dautres
ou de rēcheoir en telz pechez La Bnzieme eft pour fop te-
nir pl⁹ hūble enuers dieu.quāt no⁹ no⁹ reputōs mifcraßles
pecheurs deuāt dieu en reiterant en cōfeffion les defaultes
que no⁹ auōs le tēps paffe faictes contre la diuine maiefte
no⁹ en fōmes ou deuōs eftre pl⁹ hūbles Bers dieu τ Bers le
mōde La douzieme eft pour acquerir la grace de dieu.car
quāt no⁹ auōs fait Bng grāt cas cōtre le commādement de
dieu no⁹ en deuōs auoir defplaifāce τ en deuōs faire cōfcie
ce dauoir aīfi defaillp cōtre dieu Ce fōt les manieres pour
lefquelles on doit reiterer cōfeffiō. Si doit biē le peniēt a-
uoir regard fil a polt biē fait fō deuoir de cōfeffer fes pechez
de tout le tēps paffe car il les peut cōfeffer τ reiterer fās dā
gier. Et auffi le cōfeffeur en doit enquerir fe peniētt τ fil a
polt biē fait τ acōplp fes penitācez τ fil receut oncques le
corps de nre feigūr iefuchrift il ne fcuft en eftat de grace ne
nulz des facremēs de faicte eglife.fe il feft polt mocque du
feruice ne des cerimonies de leglife τ mouft dautres quefti
ōs qui feroiēt lōgues a racōter. Sequit text⁹. Errās ex cu
fās magn⁹ fimulat⁹ τ ex coin. Iudex nō fapiēs incōpletū
qz relapfus. Dt pudoz Bt hozret humulisqz gra detur. His
caufis facta cōfeffio Bult iterari. Lexpōn eft affez congnue
par les manieres deffufdictes

a   Pres ce que iap parle du fait de cōfeffion τ de toutes
      les demādes τ queftiōs quon p peut faire:ie Bueil de
mōftrer les cas qui fōt a rēuoper au prelat/τ defquelz Bng
fimple cure ou chapelain ne peut τ ne doit abfouldre fi nō
en article de mort ou du cōgie de fon plat Le premier cas

qui doit estre rēuoye a leuesq̃/est icestus.cest cōe iap dit de̾
uāt de ceulp q̃ ont cōpaignie charnelle auec leurs parētes
affines ꝑ fēmes de religiõ   Le second est defflorās cest de
ceulp q̃ despucellēt les filles.ꝑ est vng tresmauuais peche
ꝑ fort a pardōner.car ilz leur ostēt le ioyau seql ne peuēt ia
mais restituer.Et aussi ceulp qui prēnēt les fēmes a force
ꝑ ont oultre leur gre ꝑ voulēte leurs ꝗpaignies   Le tiers
cas est homicida.cest de ceulp q̃ sōt homicides ꝑ sētretuēt ꝑ
ceulp q̃ celēt le meurdre ꝑ ne se reuelent pas a iustice ou en
sōt cōsētās ꝑ participās ou q̃ le sōt faire ou cōmādēt afaire
ou q̃ baillēt poisõs/venin ou autre chose pour faire ou cui
der faire mourir les gēs   Le quart cas est trāsgressor̄ voti
cest de ceulp q̃ en ce mōde ne tiēnēt pas veritablemēt leurs
veulp ꝑ leurs ꝓmesses q̃lz ont faictes a dieu ou a aucune
des saītz de paradis mais sās necessite ꝑde leur mauuaistie
ilz les rōpēt.Et aussi ceulp q̃ ne veullēt faire leur penitā̾
ces enioītes par leurs curez ꝑ cōfesseurs   Le quint cas est
periurus.cest de ceulp qui se pariurēt deuāt la face du iuge
tāt deglise q̃ de court lape deuāt leur cure ou autres arbi̾
tres pour couuoitise de gaigner ou par paour de perdre ou
pour soustenir pl⁹ la q̃relle de lun̄ q̃ de lautre   Le sizieme
est sortileg⁹.cest des sorciers ꝑ sorcieres charmeurs ꝑ char̾
meresses ou qui sōt beneissōs pour garir des fieures ꝑ dau
tres maladies ꝑ qui sōt certaines choses aup petis enfans
pour garir dū mal dōt ilz ne peuēt fructifier ne croistre ꝑ q̃
diēt parolles sur herbes pour cuider q̃lz en soiēt de pl⁹ grāt
vtu ou portēt briuetz au col.ou qui les baillent pour quel
que maladie que ce soit. Ceulp ꝑ celles qui cheuauchent le
valay/ou q̃ vont en lair.ou q̃ se donnēt au dyable/ou qui

sappellēt ou conuersēt auec luy ou q̃ par leur sort e mau
uais art fōt mourir les gēs/les bestes/les blez/ou les ar
bres. Le Vii. cas est sacrilegus. Cest de ceulx q̃ retiēnēt les
biēs de leglise a tort e sās cause ou q̃ empeschēt la iuridici
on de leglise ou qui ne payēt pas leurs dismes qui frapēt
ou batēt ou tuēt les gēs en leglise ou cimitiere ou en autre
lieu sait ou preuilegie ou q̃ ostēt les gēs de frāchise a force
ou q̃ cōmettēt en leglise ou en autre lieu sait le pechē de for
nicaciō ou q̃ ont cōpaignie de leurs cōmeres ou de sēmes
de religiō. Le huytieme cas est patrū pcussor. Cest de ceulx
e celles qui mettent les mains a frapper sur pere ou mere
charnelz/ou parrain/ou marrine par maniere de vēgance
ou diiure/car pour nulle chose ilz ne doiuēt mettre sur eulx
les mains ne les iniurier. Le neufuieme cas est sodomita.
cest le pechē q̃ est ōtre naturē duql tu as ouy toutes les ma
nieres au chapitre du pechē de luxure. Le dixieme est mēti
ta fides. cest de ceulx q̃ ne sōt point cōsciēce d'aller cōtre la
foy q̃lz ont pmise a aucūs ou q̃lz payerōt a tel iour ou q̃lz
ferōt telle chose. ꝛc. ou quāt on preste a aucū e il a faulse sa
foy q̃l a pmise a le rēdre ou quāt on laisse aller vng prisō
nier sur sa foy e il ne reuiēt e la faulse. ꝛc. Le xi. cas īcēdia
faciēs. cest de ceulx qui boutēt le feu aux eglises aux mai
sons ou es grāges a leur esciēt pour venger ou pour autre
mauuaise voulēte q̃lz ont. cest vng cas q̃ est digne de mort
corporelle e doit faire planiere restituciō de to⁹ les dōma
ges q̃ on ya eulz selō le droit. Le xii. est plis oppressor. cest
de ceulx q̃ estaignēt leurs enfās au lit par mesgarde Et q̃
boiuēt ou fōt boire herbes ou autres choses pour tuer e ad
nullier le fruit aux vētres des meres. ou pour garder les sē

mes de cõceuoir ou les hõmes dẽgẽdrer Ceulx ꝗ celles qui
sont cause de faire mourir lẽfãt de paour de la hõte du mõ=
de ilz sõt homicides ꝗ dignes de mort selõ le droit ꝗ iustice.
Le trezieme cas est blaphemꝰ.ce sõt ceulx ꝗ blaphemẽt le
nõ de dieu cõe le renper/maulgreer/despiter/iurer par la te
ste par le vẽtre par les peulx ou par aueũ des precieux mẽ
bres de dieu iurer sãbtu sa puissãce ou sa mort ou faire telz
manieres de sermẽs ꝗ souuẽt blaspheme dieu Le quatorzie
me cas est hereticus.Cest de ceulx ꝗ soustiẽnẽt aueũes he=
resies ou mauuaises opiniõs cõtre la foy catholique. Et ꝗ
preschẽt en appert ou diẽt en secret aueũes choses cõtre les
articles de la foy ou cõtre les sacremẽs de saincte eglise ou
les mettẽt ou traictẽt en autre office ꝗlz ne sõt ordõnez. ou
y prẽnẽt chose ꝗ ne soit bõne ou y sõt questiõs plꝰ grãdes
ꝗ leur sciẽce ꝗ suffisãce ne peut porter.Le quinzieme est oíe
adulter.cest de ceulx ꝗ rõpẽt leurs mariages ꝗ les sermẽs
ꝗlz y ont fais.Ceulx qui ne sõt point mariez ꝗ ont cõpai=
gnie de fẽmes mariees ꝗ les fẽmes nõ mariees de hõmes
mariez.Le sezieme cas ꝗ le derrain est clerũ percutiẽs . cest
de ceulx qui batẽt ou frapẽt les clercz ou gẽs deglise qui
sõt a la sauuegarde de leglise depuis ꝗlz ont receu tõsure/
ou sõt mis en religiõ.Et de ceulx cy les vngz sont enuoiez
au pape les autres a leuesꝗ selõ ce ꝗ le peche est enorme ou
moindre cõe tu orras apres eu chapitre des cas reseruez au
pape.Ce sõt les seze cas ꝗ vng chacũ cure ou chapelai doit
sauoir pour rẽuoyer les defaillãs esõ cas a leuesꝗ car leur
puissãce ne sestẽt point iusꝗs la pour en absouldre diceulx
cas. Sequit teptꝰ.Qui facit incestũ deflorans aut homici
da.Trãsgressor voti periurꝰ sortilegusꝗ.Sacrilegꝰpatrũ

percussoz vel sodomita. Et mẽtita fides faciẽs incẽdia p
lis. Oppressoz blaphem⁹ heretic⁹ omnis adulter. Clerum
percutiens is adeat presulẽ. Lexpõn est assez notee & decla
ree par les choses dessusdictes

Des cas reseruez au pape. xxv

P Dis q̃ iay parle des cas q̃ doiuẽt estre renuoiez aux
euesq̃ ie vueil enapres parler de ceulx q̃ se doiuent
rẽuoier au saīt pere. crstassauoir au pape ou a ceulx q̃ ont
sa puissãce nõ obstãt q̃ les curez ou chapelaīs ne les doi
uẽt pas rẽuoier tout dzoit aux saītz peres mais seulement
aux euesq̃s leurs platz pour en faire ce q̃ bõ leur en semble
ra. car a leuesque appartient de remettre & renuoier les cas
aux sainctz peres & nõ pas aux curez. Et selõ lopiniõ dau
cuns les euesq̃s doiuent renuoier aux archeuesq̃s & les ar
cheuesq̃s au pape ou a ceulx qui ont sa puissãce ie men rap
porte a leur bõne discrecion. Le premier qui doit renuoyer
au pape est clerũ percutiẽs. ce sõt ceulx q̃ batẽt & frapẽt pre
stres ou clerez apãs tõsure ou estãs es ordzes de saīcte egli
se iusq̃s a effusion de sãg ou q̃ par baterie ou autre violẽ=
ce leur sõt perdze aucũs de leurs mẽbzes ou q̃ les batẽt tãt
q̃lz en meurẽt ou meurdzissẽt ou tuẽt mais ie treuue huyt
manieres de gẽs qui pource casne sõt poīt a rẽuoier au pa
pe. La premiere est de ceulx qui sõt en article de mozt & de=
mãdẽt le prestre pour culx cõfesser nõ obstãt quilz soiẽt ex
cõmuniez si les doit on absouldze par aisi disãt q̃ silz reue=
noiẽt en sãte quilz seroiẽt leur deuoir a leur pouoir dasser.
au pape. La secõde maniere est de ceulx qui sõt poztiers des
villes ou qui gaidẽt les poztes des eglises ou il ya presse
& aultres assẽblies & pour faire le peuple reculer ont voulẽ

tiere baſtõs ou lõguesgaules de quoy ilz frapẽt ſur les te
ſtes pour faire arreſter le peuple. Et en faiſãt tel office ilz
peuẽt fraper ſur la teſte dũ clerc ou dũ preſtre iuſꝗs au
ſãg ſi neſt ce pas pourtãt cas de pape. mais ꝗlz ne le facẽt
poĩt a eſciẽt ne par vẽgãce. mais ſeulemẽt eñ faiſãt leur of
fice pour garder ꝗ la ꝓſſe ne eñ eſtaigne ou eſtraigne nulz
ꝗ pour entrer plꝰ a leur aiſe. La tierce maniere eſt de ceulx
ꝗ eñ leur defẽdãt frapẽt ou clerc ou preſtre. La quarte ma
niere eſt des fẽmes ꝗ pour garder leur hõneur frapẽt clercz
ou preſtres eulx cauſãs dauctũ ĩpudicite ꝗ paillardiſe. La
quĩte maniere eſt des moynes ꝗ religieux cloiſtriers ꝗ ba-
tẽt ou tuẽt lũ lautre car leur abbe les peut abſouldre de ꝑ
leur chapitre gñal ꝗ leur bailler penitãce. La ſizieme ma-
niere eſt des anciẽnes gẽs malades ou debilitez ꝗ bõnemẽt
ne peuẽt pas aller au pape La vii. eſt de ceulx ꝗ ne ſcauẽt
pas ꝗl ſoit clerc ou preſtre. Et ſẽblablemẽt ꝗ par diſcipline
ꝗ bõne correctiõ ꝗ inſtructiõ batẽt aucuns clercz ou gẽs de
gliſe cõe maiſtres deſcolle ꝗ autres. La viii maniere eſt de
ceulx ꝗ par ieu batẽt ou frapẽt clercz ou ꝓſtres nayãt poĩt
mauuaiſe intẽciõ ou voulẽte de blecer ia ſache ꝗ aucũefois
oñ les blece ou peut oñ blecer iuſꝗs au ſãg. Et auſſi les eñ
fãs ꝗ ẽcores ſõt eñ moindre aage ꝗ iẽnes gens ꝗ batẽt ou
frapẽt aucũs clercz Toꝰ ceulxpy ne ſõt poĩt ſubiectz daller
a rõme nõobſtãt ꝗlz apẽt cõmis cas de pape. leſꝗlles ma-
nieres deſſuſõ pourras trouuer par les vs ꝗ enſuiuẽt. Per
cutiẽs clerũ romã petat. excipiũt. Janitez officii pre textu
vimꝗz repellẽs. Sexꝰ femineꝰ clauſtralis ꝗ egra ſenectꝰ.
Neſciꝰ erudiẽs leuiterꝗz iocãs minoz etas Le ſecõd cas quõ
doit rẽuoyer au pape eſt falſariꝰ ceſt de ceulx ꝗ contrefont

les seaulx ⁊ les bulles dōnees du pape ou du sait siege apo
stoliq̃ ou qui vset dicelles bulles oultre le tēps qui y est li=
mite. Le tiers cas est vies. cest de ceulx qui boutēt le feu es
eglises ou autres lieux saitz Le quart est quisꝗs audet cele
brare sigat⁹. cest des prestres qui en sētēce depcōmunicaciō
⁊ irregularite presumēt celebrer ilz sōt a rēuoyer au pape
pour auoir leur absoluciō reabilitaciō ⁊ dispēse de dire ⁊ ce
lebrer messe au tēps aduenir. Le quit cas est simoniac⁹ cest
des simoniaꝗs qui ont ⁊ possedēt les benfices par simonie.
ou q̃ les dōnēt en esperāce den auoir retribuciō ou q̃ les ont
par cautelle de pres ou autremēt iniustemēt ou qui vēdēt
les sacremēs de saicte eglise cōe dessus est dit ou ceulx q̃ ad
ministrēt aucūs des sacremēs de leglise a ceulx q̃ sōt epcō
muniez de la sētēce du pape si nō seulemēt en article demort
Et to⁹ ceulx qui les y soustiēnēt ou cōuersent auec eulx si
nō en leur remōstrāt leur sauuemēt ⁊ se dāgier ou ilz sont.
Ce sōt les cinq cas reseruez au pape ou a ceulx qui ont sa
puissāce cōe il appert par les vers q̃ sēsupuēt. Per papā cle
rū feries / falsari⁹ / vies. Soluit ⁊ quisquis audet celebra=
re sigat⁹. Simon si fueris nec fallit regula talis. Lexpōn
est entēdue par les choses qui deuāt sont desclarees.

De epcōmunicacion. ꝓvi.

e   T pource que iay parle de epcōmunicaciō ie vueil re
        mōstrer q̃ cest que epcōmunicaciō. Dit epcōicatio est
extra cōmunicationē alioꝝ ꝑpianoꝝ statio. Cest adire que
celuy qui est epcōmunie est hors de toute la cōmunicacion
prieres et oraisōs ⁊ autres viēs fais de chrestiēte. Ie treu=
ue six manieres depcōmunicaciō lesꝗlles trois premieres
sōt a cause de la plaiderie de court deglise. ⁊ les autes trois

derraines sont a cause des sentēces dōnees du pape ҁ autes
prelatz deglise   La premiere epcōmunicaciō si est la pl⁹
simple qui se dōne par default destre alle a son iour deuāt
leuesҁ ou son official. Et de ceste epcōmunicaciō ne peuent
estre absoulz de leur cure silz napportēt lettre signee ҁ mer
chee de lofficial ou de son cōmis cōe ilz ont fait ҁ cheup a of
fice ҁ a partie ou quilz respōdrōt au pres cōtre partie. Et
silz meurēt en tel estat il ne les peut ne si ne les doit enter
rer en terre benoiste deuāt ĝl ait leur absolucion du prelat.
    La secōde epcōmunicacion est ĝ se nōme engrege ҁ est
pire trop pl⁹ ĝ lautre. car de ceste ne peut estre absoubz de
son cure mais de celuy ĝ la dōnee. Et quāt il apperra a son
cure de son absoulte ҁ ĝl est absoubz cōe il doit il peut denū
cier au prosne deuāt to⁹ quil est absoubz cōe il lauoit denū
cie epcōmunie ҁ aussi labsouldre dune absoluciō gitale cōe
ilz ont acoustume faire en leur cueschie   La tierce epcōi
cacion qui viēt de court deglise si est regrege ҁ est tresmau
uaise. car lui ҁ sa fēme ҁ ses enfās ҁ toute sa famille p peu
ent estre epcōmuniez cōe lui nōobstāt quilz naiēt coulpe en
rien ҁ lup peut on defēdre quil ne hāte poit auec les ꝑ̃piens
car ilz seroiēt ifectz par lup ҁ participeroiēt en son mal cōe
la brebis rōgneuse son la met auec les saines elle sera cau
se de les ifaire toutesalsi sera lepcōmunie sil hāte auec les
ꝑ̃piens. Et le peut defēdre a to⁹ chrestiēs si hardi sur peine
de sētēce depcōmunicaciō de lup admistrer ne pain/ne vin/
ne eaue/ne chādelle ne ĝlĝ autre chose ĝ lup soit necessaire/
excepte seulemēt en article de mort le sacremēt de cōfession
cōe dit est lesĝlles defēses sōt cōtenⁱ en ces vers . De orare
vale cōmunio mēsa negat. Si ꝑ delictis anathema ĝe in

ficiat.Lexpõn est telle.Ds.cest adire q̃ on ne doit poit par
ler a lup en maniere q̃ ce sout si nõ en le blasmãt ou en lup
piãt de son salut Drare.cest quõ ne doit poit prier pour sui
car il est hors des prieres de saicte eglise a de to⁹ bõs ppiês
Dale.cest adire quõ ne se doit poit saluer ncãtpl⁹ que vng
chiẽ ou vne beste mue Cõmunio.cest adire quõ ne sup doit
poit bailler les biẽs q̃ seruẽt en cõmun cõe feu/pain/eaue/
vin a autres choses necessaires. Mensa negat cest quoõ ne
doit poit boire ne mẽger ne frequẽter auec sup. Touteffois
ie treuue certaines causes quõ peut biẽ pler a frequẽter a
uec sup   La premiere est vtile.cest adire quõ peut parler
a frequẽter auec sup pour sup parler de sa saluacion de son
ame.a pour sup remõstrer se dãgiet en quop il est a autres
choses salutaires sup remõstrer affin q̃ pl⁹ beulẽtiers il se
oste a mette horsdicelle en cõmunicaciõ   La secõde est lep.
cest q̃ la lop pmet a la fẽme de hãter a cõuerser auec sõ ma-
rp estãt epcõmunie.car elle est obligee de sup obeir a de sup
rẽdre le deuoir de mariage cõe il est ordõne de leglise:affin
q̃l nẽtre pas en desesperaciõ a q̃l ne sen supe pas hors du
paps   La tierce est hãuse cest q̃ ceulp qui sont en subiectiõ
a qui doiuẽt a sup obeir cõe ses enfãs a seruiteurs peuẽt hã
ter auec sup.Touteffois sil estoit cõtenu en la sentẽce q̃ la
fẽme enfãs a auts seruãs a subiectz silz hãtẽt auec sui q̃lz
sõt epcõmuniez a par especial les enfãs a seruãs ilz se deue
roiẽt fupr a nõ poit hãter ou autremẽt on leur pourroit des
nper ladministraciõ des sacremẽs de saicte eglise iusq̃s a ce
q̃lz fussẽt absoubz dicelle sẽtece   La quarte cause ou cas
est res ignorata.Cest se on nẽ scait riẽ:car ceulp q̃ lauront
hãte a nẽ scauẽt rien q̃l fust en sentence ilz ne seroient pas

pourtāt epcōmuniez mais ilz sont ten⁹ apres q̇lz sont sceu
eulp eŋ cōfesser   La quinte est necesse.cest eŋ cas de necessi
te cōe eŋ article de mort oŋ peut aider{ subuenir eŋ boire eŋ
mēger eŋ cōfessiō a autres choses necessaires cōe dit est. Et
aussi pelerls q̇ ne pourroiēt trouuer leurs necessitez eŋ pas
sāt pays si nō que chieup telz gēs epcōmuniez ilz eŋ pour
roiēt prendre a achater diceulp. Ce sont les cinq cas cōe oŋ
peut hāter auec les epcōmuniez sās encourir eŋ la sentence
cōe il appt par les vers q̇ ensupuēt. Vtile/lep/humile/res
ignorata/necesse hoc anathema soluit ne possit abiecto ob
esse. Les trois autres sētēces sōt a cause des prelatz de sain
cte eglise q̇ les dōnēt a gettēt sur les malfaicteurs.   La
premiere est la mendre a sappelle simple querimonie.a est
celle q̇ oŋ impetre de seuesq̇ pour aucūes choses pdues quō
ne scait a q̇ les demāder. Et to⁹ ceulp a celles qui se laissēt
epcōmunier de celle sētence ne peuēt estre absoubz si nō de
celui q̇ la dōnee a q̇lz facēt premier satiffaciō a partie   La
secōde sētēce est pl⁹ griefue qui est dōnee par les p̄latz.cest
celle q̇ est lpetree de larceuesq̇ ou des legaup a cardinaulp
pour heritages/lettres/obligaciōs/fiefz/rētes a autres cho
ses quoŋ ne scait a qui les demāder. Et to⁹ ceulp a celles q̇
se laissēt epcōmunier de ceste sētēce ne peuēt estre absoubz
de leur cure ne de seuesque si noŋ de celup qui a donne la sē
tence.   La tierce sentence ou querimonie q̇ est tresgriefue
cest de celle qui est impetree a rōme de nostre sait pere se pa
pe pour aucūs larcins ou choses hereditales emblees ou ac
quises indeuemēt eŋ ce monde. Et to⁹ ceulp et celles qui se
laissent epcommunier de ceste sentence si peuent bien dire
q̇lz sōt a seront priuez de la vision diuine a gloire celestielle

ꝗ de la cōpaignie des benoiſtz ſaitz de paradis Car nr̄e foy
eſt telle ꝗ tout ce ꝗ noſtre ſait pere le pape lie eṇ ce mōde et
maudit:il eſt lie ꝗmaudit au ciel.ꝗ tout ce ꝗl deſlie ꝗbeneiſt
eṇ ce mōde:il eſt deſlie ꝗ beney au ciel ainſi ꝗ dit nr̄e ſeigr̄
ieſuchriſt eṇ ſeuā ꝁille.Quodcūꝗ ligaueris ſup terrā erit
ligatū ꝗ ĩ celis:ꝗ quodcūꝗ ſolueris.ꝗc. De ceſte ſētēce neṇ
peuēt nulz p̄latz degliſe ꝗlz quilz ſoiēt abſouldꝛe ſi nō eṇ
court de rōme ou la ſētēce a eſte ĩpetree du pape/ſatiſfacioṇ
deuemēt ſaicte eṇ toutes choſes. Et pource bng chacū doit
biē craidꝛe a ſe laiſſer encheoir eṇ icelle ſētēce deꝑcōmunie
tāt grāde ꝗ petite pour les biēs tēpoꝛelz car tāt cōe il y eſt
il peit la grace ꝗ la miſericoꝛde de dieu.ꝗ na pl⁹ ne part ne
poꝛciō es pꝛieres de nr̄e mere ſaicte egliſe. Vng chacū dōc
boṇ cōfeſſeur doit touſiours diligēmēt enꝗrir le penitēt et
auāt quelque foꝛme de cōfeſſioṇ ſauoir ſil eſt point encheu
eṇ icelles ſētēces.Et ſil y eſt encheu il le doit radꝛecer a ſō
pouoir eṇ lup remōſtrāt la boie ꝗ maniere cōme il ſeṇ met
tra hoꝛs.Vecy le texte de ce chapitre.Tanꝗ peccata ſēper
caueas anathema.Nō granis eſt pena ꝗuis ſit poſt medi
cina.Hic patiꞇ damna qui maius ſeit anathema . Huic nō
eligitur nec eligit huic p̄hibeꞇ . Eccleſie poꝛta communio
ſeu ſacramēta.Traditus eſt ſathane pꝛecibz caret eccleſie
qꝫLeppōṇ eſt telle quoṇ doit fupꝛ ꝗ eſcheuer la ſentēce deꝑ
cōmunicacioṇ autāt ou plus que les pcchez moꝛtelz car el
le poꝛte ꝗ ĩfere a lame damnacioṇ ꝗ peine eternelle pour
ce que aucū ne peut eſtre eṇ icelle ſentence quil ne ſoit eṇ pe
che moꝛtel.Auſſi iamais epcōmunie ne ſera eſleu ne acom
paigne eṇ nulles des pꝛieres de ſaicte egliſe ne autres biēs
fais eṇ toute chꝛeſtiēte/ne biē quil face ne lui pourra aucu

nemēt profiter a la saluaciõ de soɲ ame tāt cõe il eſt eɲ icel
le sentēce deɲcõmunicacioɲ. La porte de leglise ɤ mesmes
mēt de paradis luy eſt close ɤ fermee. La cõmunicaciõ des
loyaulɤ chreſtiēs ɤ mesmes to⁹ les sacremēs de noſtre me
re saicte eglise luy ſont defēdus ɤ ne doit poīt eſtre enterre
eɲ terre benoiste Ceſt leɲpõɲ du texte deſſus escript. Jcy ie
vueil faire ſa fiɲ de ce pāt liuret ɤ traicte eɲ suplīāt hūble
ment a to⁹ ceulɤ qui le liront que silz treuuēt choſe qui ne
ſoit bõne ou brē dicte a linſttuction ɤ enseignemēt des ſim
p⁹es cõfeſſeurs ou penitēs qͥlz ne me vueillēt pas blaſmer
ne vituperer. mais doulcemēt ɤ debõnairemēt vueillēt cor
riger ɤ amēder les defaultes. car ie ſay fait eɲ bõne intenſ
ciõ ɤ eɲ ſouſtenāt ſa loy de dieu ɤ la foy catholique deſirāt
que apres ceſte pāte vie vng chacuɲ puiſſe paruenir eɲ la
ioye eternelle au royaume de paradis. Ameɲ.

Cy finiſt leɲemplaire de confeſſioɲ.:.

www.ingramcontent.com/pod-product-compliance
Lightning Source LLC
LaVergne TN
LVHW011443180726
843503LV00004BA/1399